実例で知る賢い離婚術

男のけじめ

露木 幸彦

KKベストブック

本書は、ダイヤモンドオンライン『実例で知る！　他人事ではない男の離婚』（平成二十七年五月〜二十八年四月）を一部加筆修正したものです。なお、登場する人物・社名等はすべて仮名です。

はじめに

本書は30～50代の男性が妻、パートナーや婚約者がたまたま「悪女」だったために巻き込まれたトラブルの実例（相談実績は11年間で1万件超）――具体的には結婚生活、離婚、再婚、卒婚（子育てが終わった夫婦）の4つのシチュエーションに分類した上で、「悪女」の要求に屈せず責任をとらせるための解決策を、一つひとつ物語形式で解説していきます。

社会的弱者である女性の地位や権利、そして立場の「爆上げ」という環境下でモンスター妻がどんどん生まれています。政府が「一億総活躍社会」を打ち出したのは平成27年。例えば、女性管理職を4年間で11％から30％へ、女性議員を4年間で9％（衆議院）・15％（参議院）から30％へ、男性の育児休暇取得率を4年間で2％から13％へと数値目標を定めました。そんな男性に厳しく女性に甘い「女尊男卑」の空気感によって、女性だけが強くなりすぎたため、様々な相談が現場でも急増しています。

例えば、「女の涙で無罪放免。何したって最後は許される」と男性を見下しているから、SNSで知り合った初対面で名前も知らない男性と肉体関係を結んだり（第1章‐2）、老後に夫婦で海外移住した後になって夫の介護を放棄して帰国したり（第4章-2）、不倫を隠して逃げ切り、離婚後、間男に慰謝料を全額かぶせたり（第2章-3）、「優先順位は夫子＞妻。妻さえ良ければ夫子はどうでもいい」と自分中心で動いているから、一家で婿から給与全額を搾取した挙げ句、遺産ゼロで離婚を迫ったり（第4章-1）、「嘘も方便。見抜けない方が悪いし、バレるまでやりたい放題」と男性をバカにしているから、社内ダブル不倫を正当化するために上司に根回しをしたり（第1章-1）、「不倫相手との再婚」を隠して元夫に養育費を払わせたり（第3章-1）、種違いの子を夫に育てさせた挙げ句、離婚時にDNA鑑定を要求したり（第3章-3）するのです。このように無責任で自分勝手で虚言癖、癇癪《かんしゃく》持ちの妻の存在は、世の中の男性たちにとって恐怖でしかありませんが、どうしたら良いのでしょうか？

過去の「強男弱女」の世界で本書はまだ無用の長物。強男の浮気や借金、暴力に悩まされる弱女という構図なら、女性向けの本だけで十分でした。しかし、男女逆転現象が起こった現在、「弱男強女」の世界で通用する攻略本が必要です。教科書なしで受験するのは無理ですが、離婚も同じで負け戦に臨むようなものです。離婚の修羅場から生きて帰ってきて欲しいという思いで執筆したのが本書です。一緒に人生最大の危機を乗り切りましょう。

第2章　離婚　～難攻不落の強女から有利な条件を引き出すテクニック～

第3章　再婚　～強女の嘘を見抜き、秘密を暴き、白黒つける再戦勝利の方程式～

第4章　卒婚　～強女のせいで巻き込まれる老後・介護・相続トラブルの処方箋～

第1章

結婚　～「トラブルメーカー」強女の火中の栗拾いで離婚回避するサバイバル術～

1.【社内不倫】妻が社内ダブル不倫で上司も容認!? 離婚を選べないジレンマ
弱男（40歳）vs「腹黒」強女（37歳）

〈登場人物〉
佐々木翔太さん（40歳・会社員・松本機械工業勤務）／翔太さんの妻（37歳・会社員・松本機械工業勤務）
翔太さんの娘（8歳・小学生）／不倫相手のオトコ（37歳・会社員・松本機械工業勤務）

■常識が通用しない不倫男の懲らしめ方

「何ともお恥ずかしい身の上なんですが…… 聞いてもらえますか？」

たどたどしい話し方で、私のところへ相談に来た佐々木翔太さん。翔太さんは具体的な相談に入る前に、そんな風に前置きをしました。もちろん、私はどんな相談だろうと受け入れるつもりなので、「大丈夫ですよ」と答えました。そうすると、翔太さんは私の言葉で安心して「心の歯止め」が外れたのでしょうか、まるで「ダムの放水」のようにすごい勢いで話し始めました。

「正直、困っています。妻が、あろうことか別のオトコと浮気をしてたんです。でも、娘はまだ小学2年。だから、離婚のことは全く頭にありません。とにかく、僕はただアイツらを懲らしめてやりたいだけなんです。妻はもちろんですが、特にあのオトコです。こんなにナメたマネをしておいて、タダじゃ済ませませんよ！」

妻の浮気――。もちろん、それは夫に対する立派な「裏切り行為」であり、絶対に許されないことです。しかし、数多ある離婚のなかで「妻の浮気」が珍しいかというと……最近、週に1回は同じような話を聞くので、もはや日常茶飯事と化しているのですが、そんななか翔太さんの失敗談は群を抜いて酷かったので今回、紹介したいと思います。翔太さんは1度ならず、2度、3度と失敗を犯したせいで、「妻とオトコの社内不倫」をやめさせることができず、黙認せざるを得なくなったのですが、これはどういうことでしょうか？

■「自分の妻に限って」という致命的な油断

翔太さんは、当時の心境について振り返ります。

「確かにここ4年くらい、僕と妻の寝室は別々です。もちろん、夫婦関係もありません。ただ、それはうちだけじゃないですよ。周りのみんなもそんな感じです。でも、だからって浮気だなんて、聞いたことがないですよ……。完全に油断していたんです。『自分の妻に限ってそんなことはない』と。まさか自分に降りかかるとは、思いもよりませんでした」

翔太さんが今、直面している「妻の浮気」という問題。「裏切り行為」はどのような経緯で発覚したのでしょうか？　翔太さんにはその取っ掛かりの部分から話してもらいました。

「最初に怪しいと感じたのは、2年前の春です。あれは娘が春休み中の頃で、家族3人で水族館に行ったときのことです。僕が車を運転していたのですが、妻は隣で落ち着かない様子でした。横目でチラリと見ると、携帯電話を手にしてLINE《ライン》［株式会社LINEが提供するSNS（ソーシャル・ネットワーキング・サービス）］をしてるのです。かなり頻繁に。しかも、最近は僕にも見せたことのない嬉しそうな顔でした。そのときは何も注意しませんでしたが、胸クソ悪い気分だったことを覚えています」

それからというもの、妻の行動パターンはどんどんおかしくなっていったそうです。翔太さんは話を続けます。

「週末になると、妻は何かと理由をつけては出かけることが多くなりました。妻は『買い物』だと言っていたのに、何も買わずに帰ってくるのです。また『旧友に会う』と言っているのに、僕が誰なのかと尋ねると『あなたの知らない人だから！』と一喝されてしまいます。そんな感じでお互いの心が離れていくばかり。家庭内の雰囲気はどんどんギスギスしていきました」

そして翔太さんは「どうしても確かめたい」という一心で、妻の車にGPSを仕掛けたそうです。車載GPSは数年前まで高価なイメージでしたが、今はだいぶ値段がこなれてきて、レンタルなら2週間で1万円を切るくらいなので、翔太さんも手が届いたそうです。それからすぐ、GPSの成果は現れたのです。

「確か7月の海の日だったと思いますが、妻が夜中の1時に帰宅したのです。『こんな遅い時間に帰ってくるなんて、まさか……』と嫌な予感がしました。僕はそそくさと妻の車に向かい、仕掛けておいたGPSの記録を確認したのです。そうしたら、案の定でした。3時間くらい、同じ場所に停車しているのです。しかも、その場所を地図で照合してみるとラブホテルの駐車場。やっぱり、そうでした！」

そのときの翔太さんは、まるで「湯沸かし器」のように瞬時に怒りがこみ上げてきたそうです。そして深夜だというのに、白黒をつけるため、その「動かぬ証拠」を妻に突きつけたのです。しかし、妻の反応は予想外でした。少しは動揺したり取り乱すのかと思っていたそうですが、実際には何ら抵抗することなく、アッサリと浮気の事実を認めたのです。まるで、「いつかバレる」と覚悟していたかのように……。そして、「相手とはすぐに別れるから」とハッキリと口にしたのです。

そのとき、妻は翔太さんから目を背けることなく、目と目をあわせて約束してくれたそうです。それを見て翔太さんは、「さすがに嘘はついていないようだ」という印象を持ったそうです。だから、妻の言葉を信用し、それ以上、深くは追及しなかったそうです。振り返ってみれば、これは明らかに翔太さんの決定的なミスでした。なぜでしょうか？　浮気相手の男性の素性について、妻から正しく聞き出さなければならなかったのです。それなのに「別れるのならいいか」と翔太さんは甘く見ていました。この失敗のため、事態は悪化し、翔太さんの苦悩はさらに長引くことになったのです。これはどういうことでしょうか？

もし、妻がその約束を有言実行してくれれば、何もわざわざここで紹介する必要はないでしょう。チャンチャンで終わりです。しかし実は、妻が相当に腹黒い人間で、内心では「見つからなければいいか」と反省していなかったらどうなるでしょうか？　当時の翔太さんは何も分かっていなかったのです。妻がこっそりと裏で何をしていたのかを。そして「深夜の修羅場の件」から1週間もたたないうちに、妻の本性が明るみに出たのです。

■不倫男に一筆書かせれば、2人は別れるのか？

翔太さんは後日の展開について、次のように振り返ってくれました。

「『妻が同じ部署の男性と親しげに話していた』という噂が僕の耳に入ってきました。実は、僕と妻は部署こそ違いますが、同じ会社に勤務しています。だから、その手の噂話は筒抜けなのです。結局、妻は「別れる」と言っておきながら、平気で関係を続けていたのです。そして少し調べたら、そのオトコが誰なのか、あらかた見当はつきましたよ！　まさか同じ建物内にいるなんて……」

翔太さんはその日のうちにオトコを呼び出し、「ふざけるな！」と詰め寄ったそうです。話を聞くと、どうやらそのオトコも既婚者だったようで、いわゆる「ダブル不倫」。なおさら悪質でしょう。翔太さんはオトコが多少なりともトボけるのではと思っていたそうです。しかし、オトコはアッサリ妻との関係を認め、涙ながらに謝罪をしてきたそうです。

翔太さんは、オトコをギュウギュウに絞り上げた瞬間にハッとしました。つい1週間前に取り付けた「口約束」が、妻に破られたばかりであることを。そこで、「同じ失敗を繰り返すまい」と念には念を入れ工夫を施したのです。翔太さんはその場で自分の手帳1ページ分を破ると、そこに「もう妻に連絡をしない」と書くようにオトコに命じたのです。オトコは、翔太さんに言われた通りに書き入れました。もちろん、オトコの名前もです。

翔太さんはオトコに一筆書かせたことで、「ようやく一息つくことができた」と楽観していました。「証拠に残したのだから、今度こそは大丈夫だろう」と――。しかし、一連の騒動は「終わりなき旅」の序章に過ぎなかったのです。翔太さんがせっかく機転を利かせ、端書きを手に入れたのですが、実は何の役にも立たなかったのです。なぜでしょうか？

■「社内」不倫だからこその罠

それから2週間後、翔太さんのところに、またまた「目撃情報」が届きました。翔太さんは居ても立ってもいられず、瞬時に会社の電話を手に取り、内線番号を押しました。その先はもちろん、オトコそして妻が所属している金属加工部Bです。そして以前よりさらに強い口調でまくし立てたのです。「懲りない奴だな！　証拠を持っているんだぞ！」と。しかし、オトコの様子は前回と正反対で、こう言い返してきたようです。

「仕事なんだから、しょうがないじゃんか。何も好き好んでアンタの奥さんと話しているわけじゃないんだ。こっちだって作業に支障が出るもんでね。書いた紙？　それとこれとは別問題でしょ。ここがどこだか分かってるの？」

ガチャン！　ツーツーツー……。オトコは勝手に電話を切ってしまったそうです。翔太さんが何も言い返さないうちに。これは翔太さんにとってあまりにも予想外の展開でした。「頭が真っ白になり、思わず言葉を失ってしまいました」と、翔太さんは当時の心境を振り返ってくれました。

電話の一件から7日後、ようやく翔太さんは正気を取り戻したのですが、少し冷静になって、妙案を思いついたそうです。「上司なら何とかしてくれる――」。そう、会社組織には必ずといっていいほど「上司」がいますが、オトコも例外ではありません。「オトコの直属の上司にこの件を相談すれば、何とかしてくれるはず！」。そう期待して翔太さんは上司に掛け合ってみたのですが……。その上司が返してきたのは「トンデモ失言」の数々でした。

「彼の『手つけの早さ』には、私もホトホト困っているんだよ。ちょうど3年前かなぁ〜、人妻とデキちゃってさ。派遣の子なんだけど、ダンナさんが一部上場企業の部長さんだったから面倒なことになっちゃって。不倫が発覚すると、ダンナさんがすごい剣幕で電話をかけてきたんだ。もう、とにかく『アイツを辞めさせろ』の一点張り。でも、異動や左遷はちょっとためらったんだ。だって、彼はうちの部署トップの成績をあげてて、とても大事な戦力だからね。だから派遣の子だけを切って、それでダンナさんには手を引いてもらったよ。さすがに彼もお咎《とが》めなしというわけにはいかないから、1ヵ月の謹慎処分にしたけど。喧嘩両成敗ということだね。私も困るんだよ、部下の不祥事は。私自身の人事評価に響くからね。まぁ、今回は私から彼によくよく言っておくからさ。男は結局、そういう生き物なんだよ。今回も、大目に見てやってよ！」

翔太さんはこの「トンデモ上司」の不作為を目の当たりにして、「こんな酷い人間が本当にアイツの上司なのか」と、首をかしげざるを得ませんでした。まさに、類は友を呼ぶとはこのことです。これ以上、翔太さんが食い下がろうものなら「うちの会社は（不倫）公認なんだ！」と、逆上しそうな気配だったそうです。結局、上司はいつまで経ってもオトコを注意してくれることはなく、翔太さんはずっと放置され続けたのです。

不倫をやめさせる、復縁する、やめさせる、復縁する……翔太さんは永遠に終わらないかもしれない悪循環に陥ってしまったようです。せっかく紙に書かせたのに、何の効果もない。翔太さんが絶望するのも無理もないでしょう。翔太さんはパニック状態のまま、私にこう泣き言を漏らして事務所を後にしたのです。

「同じ職場だから不倫し放題なんて……。そんなの……、あんまりです。オトコの言い分が通ってしまうんですか？　信じられません。他に何か打つ手はないんですか？　見えないところでイチャイチャするならまだしも、こんなに近くにいるにもかかわらず、何もできないなんて到底我慢できません！」

■社内不倫で厄介な3つの問題

当時の翔太さんは、同時に3つの問題を抱えていました。1つ目は監視不可能、2つ目は社内不倫、3つ目は認識の不一致です。これは一体、何なのでしょうか？

まず1つ目の「監視不可能」ですが、例えば、翔太さんが妻を縄で縛りつけておいたり、24時間365日妻と一緒に行動することができれば、妻がオトコと会ったり連絡をとるのをやめさせることができるかもしれません。しかし、それは不可能でしょう。そうなると、2人が喧嘩をしたり、愛情がなくなったりして「自然消滅」するのを指をくわえて待つしかないのでしょうか？

次に2つ目の「社内不倫」ですが、職場というのは社会のなかの「聖域」だから、2人は会社に守られて手出しができない。職場外に存在する法律や倫理、常識が、いったん職場内に入ると適用されなくなる……。本当にそうなのでしょうか？

最後に3つ目の「認識の不一致」ですが、世の中のほとんどの人は「不倫は悪いこと」という認識を持っています。しかし、例外もあります。残念ながら、妻もオトコもそういった認識が欠落していたのです。しかし、もし加害者が運悪く「頭のおかしい人間」だった場合、被害者はもうお手上げなのでしょうか？

もちろん、そんなことはありません。今回はこの3つの質問に対する答えを用意しました。ここから先は「社内不倫」の被害者が加害者に対しどのように責任をとらせるのか、具体的な手順と方法を紹介します。

■「〇〇しなければ、××する」という究極の交渉術

まず全体図ですが、「〇〇しなければ、××する」という作戦を使います。これは離婚に限らず、あらゆる交渉事において使える有効なテクニックです。これは心理学や交渉術のテクニックを、不倫の修羅場に応用したものです。この作戦は相手に心理的な圧力をかけ、自分の目的を達成するために使います。具体的には、〇〇の部分には自分の目的、××の部分には相手にとって心理的圧力になることを盛り込みます。その結果、相手方は「〇〇しないと大変なことになる」と大きな恐怖や不安を覚えます。もちろん、積極的ではないかもしれませんが、仕方なく〇〇の内容に応じることとなり、目的は達成されるという流れです。

さて「〇〇しなければ、××する」作戦ですが、どのように行動に移せば良いのでしょうか？具体的なシチュエーションに置き換えてみましょう。例えば、翔太さんのように浮気相手のオトコに対して、次のAからCを請求しようという試みです。なお、本来はオトコだけでなく妻にも責任を追及しなければなりませんが、今回は妻へのアプローチは割愛します。あくまでオトコに絞って話を進めていきます。

A．妻との交際をやめて欲しい

B．謝罪して欲しい

C．慰謝料を払って欲しい

まさに今、一筋縄ではいかない輩と対峙しているわけですが、AからCは「○○しなければ、××する」の形式に当てはまっているでしょうか？　いいえ、そんなことはありません。「××」の部分が抜け落ちているでしょう。確かにAからCはごくごく真っ当な希望なのですが、「○○」の部分だけではいくら何でも普通すぎるので、翔太さんは上手くいかなかったのです。もちろん、希望をありのまま伝えることで、オトコがすんなり妻との関係をやめてくれたり、謝罪をしてきたり、慰謝料を払ってくれれば良いのですが、世の中にはそんな誠実な人ばかりではありません。それは翔太さんの失敗談を聞けば分かります。そもそもオトコが「誠実を絵に書いたような人」なら、不倫などしないはずです。例えば、「○○」の部分だけ請求すると、オトコは次のように反論してくることが予想されます。

「アンタたちの夫婦関係が破綻しているのだから、僕と奥さんが付き合ったって問題ないだろう」
「悪いことをしていないから、謝るつもりはない」
「お金がないから、慰謝料を払わない」

このようにオトコは自分のことを棚に上げて、軽々しく反論してきても不思議ではありません。
翔太さんは、ただでさえ不倫の発覚でショックを受けていたのですが、オトコはさらに追い討ちをかけ、挙げ句の果てには逆ギレをする始末となります。

なぜ、翔太さんはこのような仕返しをされなければならなかったのでしょうか？　それはオトコに誠実さや常識、倫理観がまるっきり欠如しているからです。オトコは翔太さんに対して「悪いことをしている」という罪悪感も、「人妻と付き合うのはマズい」という後ろめたさも持っていないのは明らかでしょう。ここで大事なのは、「目の前にいるのは『当たり前のこと』を『当たり前とも思わない』人間なのだ」ということを前もって知っておくことです。正論が通じない相手に、正論を繰り返しても仕方がありません。そもそもオトコにそんな気持ちがひとかけらでもあるのでしょうか？　できれば別れたくないし、謝りたくないし、慰謝料も払いたくない……。そのような相手に対して「話せば分かる」という感じで挑んでも玉砕するのがオチですし、実際に翔太さんはそうなっています。

①性善説→「不倫が悪いこと、やってはいけない」。世の中にはそういう認識を持っている人ばかりだ

②性悪説→「不倫が悪いこと、やってはいけない」。世の中にはそんな認識を持っている人はいない

これが、このオトコに対して「普通」にアプローチしても、上手くいかない理由です。不倫の現場では「性悪説」の人間ばかりなのです。だから、翔太さんは発想を切り替えなければならなかったのです。不倫の現場は日常生活とは一線を画する異常な世界なのだから、「○○しなければ、××する」作戦を使うことを躊躇《ちゅうちょ》する必要はありません。確かに「立つ鳥跡を濁さず」という感じで、綺麗に後始末ができれば良いのですが、翔太さんの場合、もう、そんなことを言っていられる段階ではなかったのです。

■不倫の責任をキッチリとらせる3つの方法

翔太さんが今、置かれているシチュエーションを、もう1度振り返ってみましょう。妻が不倫をして事実が発覚、1度はそのこと許しました。そして翔太さんは妻やオトコに対して、何度も注意をしたという経緯があります。しかし、それは何の効果もなく不倫は繰り返されていたのです。そんな状況に翔太さんは嫌気がさし、ついには妻とオトコの関係を黙認せざるを得ませんでした。

では、翔太さんはオトコに対してどのようにアプローチをするのが正解だったのでしょうか？まず「○○しなければ、××する」のうち、○○の部分には何を入れれば良いのかを考えていきましょう。それはオトコに「とらせるべき浮気の責任」ですが、それを具現化したのが次の3つです。

1．謝罪

2．関係解消・復縁禁止

3．慰謝料

次の3つのうち、どれを選んでオトコに請求すれば良いのでしょうか？　それは、各々の置かれた立場で変わってきます。順番に見ていきましょう。

まずは1の「謝罪」です。例えば、翔太さんは妻の浮気を許してやり直したいと考えていましたが、それなら1の「謝罪」は重要です。翔太さんはオトコだけでなく、妻に対しても嫌悪感や不信感などを持っているのは仕方がありません。しかし、翔太さんに負の感情が残ったままで、妻に対して「浮気が発覚する前」のように接するのは難しいはずです。それでは浮気が発覚した直後と何も変わらず、夫婦関係は冷え切ったままでしょう。一方、オトコにきちんと謝罪させることで、翔太さんの怒りも多少なりとも緩和され、妻との関係修復に向けて前進する可能性も残されています。

参考までに翔太さんとは逆に、今回の件でコリゴリして、妻と離婚したいと考えている場合はどうでしょうか？　1は必要ありません。なぜでしょうか？　もし離婚が決定的なら、オトコに謝ってもらっても意味がないからです。いくら謝罪の仕方が誠実だったとしてもです。離婚するとバツイチとなり、家族を失い、特に男性は財産を減らすのは必定です。だから嫌でも絶望感や喪失感を味わうわけですが、オトコに多少、謝ってもらったところで、その気持ちは消えるでしょうか？

むしろ「焼け石に水」で感情を逆なでするに違いありません。そういった理由で、離婚を前提の場合は、初めからオトコに対し謝罪は求めない方が良いでしょう。

次に2の「関係解消・復縁禁止」ですが、翔太さんは妻と離婚をせずやり直すのだから、とても重要です。もし、妻とオトコとの関係が続いていることを知りながら、まともな精神状態で夫婦生活を送ることができるでしょうか? それは不可能でしょう。そのため、夫婦関係の修復を目指すのなら、まずは目の前からオトコの影を消すこと。それが最低限の前提条件です。

参考までに翔太さんとは逆に、妻と離婚する場合はどうでしょうか? 離婚すれば、夫も妻もバツイチになりますが、同時に未婚者になります。未婚者はどこの誰と付き合おうと自由です。なぜなら未婚者は「恋愛の自由」が認められています。だから、離婚後に妻がオトコと交際を続けるのか、再婚するのか、はたまた別れるのか、「元夫」の立場では知ったことではありません。当たり前といえば当たり前ですが、離婚前提の場合、オトコに対して「関係解消・復縁禁止」を求めることはできません。

そして3の「慰謝料」ですが、なぜ、不倫という行為は許されないのか、根本

	謝罪	関係解消・復縁禁止	慰謝料
妻とやり直す場合	○	○	○
妻と離婚する場合	×	×	○

不倫相手に請求する内容（シチュエーション別）

的なところから入りましょう。それは立派な「法律違反」だからです。これは少し専門的な話ですが、話させてください。不貞行為は民法の709条に書かれている「不法行為」に該当します。そして、不倫の加害者がどのような責任をとるべきか、そのことにも法律の条文を辿《たど》ると分かります。具体的には「損害を賠償する」と書かれており、これは慰謝料のことを意味します。

ところで、夫婦が離婚しようがしまいが慰謝料は発生します。一見、慰謝料は離婚する場合にのみ請求できるように思われがちですが、そんなことはありません。翔太さんのケースを見れば一目瞭然でしょう。離婚という最悪の事態は避けることができたとしても、オトコのせいで夫婦間に大きな亀裂が入ってしまったのだから。オトコは慰謝料という形で罪を償わなければならないのです。

■会社が社内不倫をゼッタイに容認できないワケ

翔太さんの場合は少し特殊な事情があります。それは何でしょうか？　不倫といっても、実際には様々なパターン（出会い系、風俗、元恋人との復活、ダブル不倫など）がありますが、そのなかでも翔太さんの場合は「社内不倫」だということです。翔太さんの妻とオトコは、同じ部署に勤めています。ここでは社内不倫特有の事情についてお話しをします。会社のなかで不倫はどのように扱われているのでしょうか？　まずは、その内部事情について知識を補足する必要があります。

翔太さんの妻とオトコは平日の昼間、同じ職場、同じ部署で働いており、オトコは当然妻が既婚者であることを知っていたはずです。オトコが妻に対して恋愛感情を抱くようになったとしても、「既婚者だから」という理由で、一歩踏みとどまることはできたはずです。それなのに、同僚という枠を超えて不貞関係にまで発展したのだから、完全に確信犯です。

参考までに、翔太さんのケースとは違い不倫相手が仕事とは全く関係のない社外の人間だったらどうでしょうか？　場合によっては妻の素性をよく知らず、付き合い始める可能性もゼロではないでしょう。このように「既婚者の認識」という視点で見ると社外不倫に比べ、社内不倫の方が悪質だと言い切ることができます。しかも、上司や同僚、部下の目があるにも関わらず、それらの目を盗んでコソコソと関係を続けていたのだから、なおさらです。

どんな企業でもそうですが、社内での不倫は許されません。そのことを社内規定のなかに明確に記載している企業もあるのですが、翔太さんの会社の場合、「法律に反する行為をしてはいけない」と曖昧な表現を使っていたようです。前述のように不倫は法律で禁止されている行為なので、「法律に反する行為をしてはいけない」という文言は、「不倫をしてはいけない」と置き換えることができます。規定の名前は企業それぞれで異なり、就業規則、倫理規定、懲罰規定、コンプライアンス規約など様々です。会社の規模が大きければ大きいほど、規定も細々と整備されており、規定の名前も多種多様です。

一方、社員が数名規模の小さい会社では、規定のなかに「不倫」という言葉を見つけることはできないかもしれません。いずれにしても大事なのは、規定の名称ではなく、その記載があるかどうかです。また規定がなかったとしても、決して社内不倫を歓迎しているわけではありません。会社の規模に関係なく、不倫禁止はどんな会社でも共通の認識です。

また、社内不倫の範囲は「社員同士の不倫」だけではありません。取引先や子会社、顧客といった社外の人間にも及びます。例えば取引先の責任者、子会社の従業員、得意先の顧客といった人間と仕事の一線を越えて不倫関係に発展した場合、やはり処分の対象になります。厳密に言うと、会社は取引先の従業員や顧客自身を処分する権限はありません。なぜなら、社外の人間だからです。ただ、一方で自分のところの社員を処分することは可能です。そのため社員を解雇したり、左遷したり、異動させたりすることで半強制的に不倫関係をやめさせることができます。

では、なぜ社内不倫が禁止されているのでしょうか？　その理由をありきたりに言えば、「社内の風紀が乱れるから」です。もし、あなたの会社の社員が取引先の責任者、子会社の社長、得意客と仕事の関係を飛び越えて男女関係になってしまったらどうなるでしょうか？

恋愛感情が元で、よからぬことが起こることが予想されます。男女関係が元で、おかしなことが発生する可能性があります。例えば、通常なら行わないような融通や値引きをする、片方に偏った契約をする、社内の極秘文書や機密情報を社外に漏らすなどです。本人はそれで良いかもしれませんが、会社にとってはマイナスのことばかりです。社員が会社の看板を背負って仕事をしている以上、会社はそのことを到底、見過ごすことはできません。

確かに、社員を100%信用できるのなら「まぁ、普通はやらないよね」と暗黙の了解で済ませることもできるかもしれません。しかし、実際にはわざわざ社内規定に明記している会社が多いのです。なぜなら、「いざというとき」に社員をきちんと処分するためです。会社は当然、社員の利益ではなく、会社の利益を守ります。

■社内不倫はハイリスク・ハイリターン

このように社内不倫は規定違反になる会社もあるのですが、もちろん、違反者がただで済まされるわけではなく、社内において処分を課される可能性があります。では、今回のオトコにはどのような処分が待っているのでしょうか？　処分の内容は法律ではなく、各社の規定によりけりです。具体的には、注意、謹慎や減給といった軽いものから、左遷、解雇など重いものもあります。ここで注目して欲しいのは、処分の内容は画一的に「誰でも同じ」ではないということです。どのような処分を課すのかは、対象者の年齢や立場、肩書きによって変わってきます。

会社は学校ではありませんから、「みんなが平等」ではありません。当然のように「えこひいき」が存在します。会社にとって大事な人、優秀な人、有能な人、代わりのいない人についてはなるべく軽い処分で済ませるよう、さじ加減を加えます。一方、会社にとって大事でない人、無能な人、過去にもトラブルを起こした人についてはどうでしょうか？ 処分の中身はなるべく重くなるよう、さじ加減を加えます。

社内不倫の典型例は上司と部下です。オトコが上司、オンナが部下という場合が多いでしょう。先ほどお話した「処分のバイアス」が働くと、処分の内容はこうなります。上司は口頭で注意されるだけ、しかし、部下は解雇され会社から追われることに。会社としては社内不倫をやめさせればいいわけですが、上司のオトコと部下のオンナのどちらを失うのが会社にとって損失が大きいのかは明白でしょう。だから、会社はさじ加減を加えることで、できるだけリスクを最小限にとどめようとします。つまり、社内不倫の場合は「社内の立場の低い人間」の方が高いリスクを背負っているのです。派遣社員、契約社員、パートタイマーについても同じことが言えます。これは何とも怖い話ですが、実はもっと怖い話があります。

というのも、前述はあくまで表向きの話であって、「裏のやり方」というものも存在します。裏のやり方とは、会社が自分の手を汚さず（処分せず）不倫の騒ぎをおさめようとすることです。例えば、社員全員を使って不倫の当事者を退職に追い込むなどの方法です。これは社内不倫だからこそ起こり得る、身の毛もよだつ話です。それは「自主退職せざるを得ない雰囲気」を作り出すという「裏技」「禁じ手」です。例えば、

・わざと仕事を与えない
・逆に到底終わらないような分量の仕事を振る
・無視をする
・差別的な発言をする
・大事な連絡をわざとしない

などです。その目的は、あくまで不倫を犯した人間を会社から追い出すことです。「本人を苦しめよう、悩ませよう、嫌な思いをさせよう」という個人的な感情はありません。これらは外野から見れば、明らかにいじめや差別、偏見といった類であり、本当ならばやってはいけないことです。しかし、今回は「会社公認」ですから、上司から命令されれば従わざるを得ません。

「いつの間にか、○○部の○○さんがいなくなっていた……」

あなたの周りでも、そんなことが突然起こるかもしれません。そんなときは「裏側で何が起こっ

ているのか」と少し疑ってみると、良い勉強になるでしょう。なぜなら、「自己都合」「一身上の都合」の自主退職というのは、本当は自分の意思ではないことも間々あるからです。ここでは詳しく話しませんが、社内不倫を含め、不倫全般はリスクの高い恋愛であることに間違いありません。

■不倫男から慰謝料をゲットする方法

ここまで社内不倫の内輪事情について話してきましたが、それを踏まえて「○○しなければ、××する」のうち、「××」の部分に何を入れるべきかを考えてみましょう。それは会社への密告です。翔太さんはオトコに対して「慰謝料を払わないと」「会社に洗いざらい話し、あなたを処分するよう求めます」という切り口で請求することができます。

オトコにとって一番の弱みは、前述のとおり「もし会社にそのことが知られた場合、会社を追い出される危険がある」ことでしょう。その事実を会社に伝えるのか、それとも黙っておくのか、その選択権は翔太さんが握っているのです。つまり、オトコが今の会社で仕事を続けられるかどうかは翔太さん次第。これはオトコと折衝する際、とても強力なカードです。

この作戦を使えば、翔太さんはオトコに対して相当なプレッシャーを与えることができます。なぜなら、翔太さんがオトコに対し「慰謝料を払わないと会社に洗いざらい話し、あなたを処分するよう求めます」という話をした場合、オトコは「やれるものなら、やってみろ」「好きにすればいいだろう」と開き直ることはできないからです。なぜでしょうか?

■社内不倫はどの部署に密告すべきか

オトコに限らずどんな人でもそうですが、わざわざ苦労して入社した会社です。特に今の時代はこの不景気だから、なおさら愛着は深いのです。翔太さんいわくオトコは37歳だそうで、もう一度正社員として就職するのはなかなか難しいでしょう。一度今の会社を辞めてしまうと、同じような条件で再就職ができるかどうかは分かりません。だったら、石にしがみついてでも社内に残りたい、今の仕事を続けたい、と思うのは自然な発想です。これからも収入が途切れることなく、安定して入ってくるのが何よりなのです。

こう考えると、オトコとしてはそのような事態を是が非でも避けなければなりません。「慰謝料の支払いを断ったため、会社に不倫の事実を密告される」なんて事態は。なお、この話は会社が解雇処分をする場合も、オトコが自主退職した場合も、働く場所を失ったり収入を得られなくなるという意味では同じことです。そうなると、オトコに残された選択肢は2つしかありません。

①慰謝料を支払わない。その代わりに会社にいられなくなる

②慰謝料を支払う。その代わりに会社に残ることができる

では、オトコにとってどちらを選ぶのが賢いのでしょうか？　私たちは皆、小学校で足し算や引き算を勉強します。もし、オトコが小学校の足し算をできるのなら、それほど迷うことではありません。金銭的な損得勘定で考えれば、オトコにとって「慰謝料を支払う方」が明らかに得なのです。だから②を選びます。どういうことでしょうか？

まず、次の数字をご覧ください。日本の場合、慰謝料はどんなに多くても５００万円程度です。一方、オトコが会社で働き続けた場合、どのくらい稼ぐことができるでしょうか？　正社員なら少なくとも年収は３００万円以上で、なおかつ退職するまで毎年この金額をもらうことができます。ここでは、仮にオトコの年齢を37歳として、残りの23年間を働くとします。そうすると、収入の合計は６９００万円です。５００万円と６９００万円を比べて、どちらの数字が大きいでしょうか？

①と②を数値化すると、以下の通りです。

①５００万円を支払わない。その代わりに６９００万円を失う

②５００万円を支払う。その代わりに６９００万円をもらう

オトコにはこの２つを天秤にかけてもらい、自分の頭で考えさせることが大事です。ここで注意しなければならないのは、翔太さんがゴリ押しするのではなく、「どちらが得なのか、損なのか」

オトコに選ばせることです。もし翔太さんが先回りして正解を教えてしまうと、オトコはカッとなり、わざと強がって「損な方」を選んでしまう危険があります。このように翔太さんがオトコのことを会社に密告し、オトコが仕事を辞めざるを得なくなった場合、オトコにとって何かプラスはあるでしょうか？　いいえ、「マイナス」「失うもの」ばかりです。そのことを知っていれば、翔太さんは「上から目線」でオトコと折衝することができます。

なお、この作戦を使う場合、ちょっとしたコツがありますので、最後にそれをお教えします。前述のように、この作戦ではオトコに対して「職場への密告」を匂わすわけですが、では、具体的にはどこに密告すれば良いのでしょうか？　それはとても重要です。オトコに「どこに密告するのか」を明らかにしなければなりません。単に「会社に報告する」ではなく、「○○部の○○さんに相談する」とします。それがこの作戦のコツです。そうすれば、オトコに対して、さらなるプレッシャーを与えることができます。

会社のなかには色々な部署や課があり、また様々な肩書きの人間がいま

婚姻期間１～５年	慰謝料平均　約199万円
婚姻期間5～10年	慰謝料平均　約304万円
婚姻期間10～15年	慰謝料平均　約438万円
婚姻期間15～20年	慰謝料平均　約534万円

平成 10 年度の司法統計（法務省）
『離婚・離縁事件事務マニュアル』（東京弁護士会法友全期会家族法研究会）ぎょうせい

す。業種や業界によって、その呼び名は何通り何十通りもあるでしょう。だから「社内不倫」の問題を誰に頼んだらいいのか、それは悩ましいところです。先に正解をお教えしますが、正解は「処分内容を決めることができる」その部署です。部署名は会社によって異なります。大きな会社ですとコンプラ（＝コンプライアンス）部や倫理部など。もう少し小さい会社ですと、総務部や人事部などです。これらは社内不倫に限らず、セクハラやパワハラにいじめなど社内のトラブルを担当する部署です。専用の相談窓口を設けている会社もあります。

この部署にとって、社内不倫は「よくあるトラブル」の1つです。だから、その部署の人間は「どうやって対処すべきか」を熟知しているので、丁寧に話を聞いてくれます。もし社内規定のなかに、「社内不倫の場合、どうするのか」の具体的な処分内容が書かれていればなおさらです。その規定に従って、粛々とオトコを処分するだけです。これは一番、上手くいった場合の展開です。

一方、社内不倫の密告先として不適切な部署や人間もいますので、注意しなければなりません。これはどういうことでしょうか？　例えば、オトコの所属する部署です。そしてオトコの直属の上司です。翔太さんが社内トラブルの相談相手として、真っ先に頭に浮かんだのは「直属の上司」でした。しかし残念なことに、オトコの上司は全くといって言いほど使いものになりませんでした。なぜでしょうか？

■なぜ上司は社内不倫をもみ消そうとするのか?

まず、オトコと上司が社内でどのような力関係になっているのかをイメージしてみましょう。そうすれば、そのカラクリをすぐに解くことができます。どんな会社でもそうですが、上司は部下に対して良くも悪くも責任を負っています。例えば、部下が優秀な成績をおさめれば、部下だけでなく上司の評価も上がります。一方、部下が不祥事やトラブルを犯した場合、上司から見れば、自分のミスではないのですが、部下の失敗で部下だけでなく上司の評価も下がります。

そもそも上司の仕事は「部下がトラブルや不祥事を起こさないよう見張っておくこと」ですから、それも仕方がありません。上司の管理や教育が「なっていない」から、こういうことになるのだ。上司の上司はそう判断します。そして、評価と給与は連動しますので、部下だけでなく上司の賞与もカットされる可能性があります。また、悪影響はお金の面だけではありません。人事考課に傷がついて昇進や昇格が遅くなったり、降格するなど地位や立場にもマイナスの影響を及ぼします。

このように上司と部下は、一蓮托生、連帯責任ですので、上司は部下がヘマをしないかどうか毎日のようにビクビクしています。万が一、そんな状況で翔太さんが上司に、部下（オトコ）の不祥事（社内不倫）について相談したら、上司は一体、どんな反応をするでしょうか? 上司から見れば、翔太さんの存在は厄介なことこの上ありません。もし、この件を人事部に知られたり、翔太さんがオトコに慰謝料を請求するため裁判を起こしたらどうなるでしょうか？「自分の給与を減らされる」「昇進が見送られる」といった危険をはらんでいます。だから、上司が翔太さんの相談を親身に聞き、誠実に対応するなんてことは到底無理なのです。結局、上司は翔太さんの相談を力ずくでもみ消したい、握り潰したいがあまり放置プレイを続け、「なかったこと」にしたのです。

そのモチベーションは自己保身（給与を減らされたくない、出世にマイナスになると困るなど）ですから、なんとも怖い話です。このように直属の上司は社内不倫の密告先として、全くふさわしくなかったのです。残念ながら、翔太さんは何も知りませんでした。本当なら直属の上司はすっ飛ばして、しかるべき部署を「密告先」に指定しなければならなかったのです。そして「○○しなければ、××する」作戦を使う場合、「慰謝料を払わなければ、会社の『人事部』に洗いざらい話をしてあなたを処分するよう求めます」というシナリオを書きましょう。

■不倫男を懲らしめる場合の正しい順序とは!?

ここまで「○○しなければ、××する」作戦を使って、不倫相手を懲らしめる方法について話してきました。最後に大事な話をします。それは「いきなり××を実行すると、失敗する」ということです。物事には順序があり、その順序を守らなければなりません。ここまでの話を聞いたあなたは、こう思われるかもしれません。「じゃあ、いきなり会社に密告すればいいのでは」と。もちろん、それはそれで立派な方法です。そうするとオトコが会社を解雇されたり、もしくは自主退職に追い込まれたりすることで仕事を失い、安定収入をなくす可能性があります。それはオトコにとって十分な制裁だと言えるでしょう。一方で「慰謝料」はどうなるのでしょうか？ 翔太さんはお金をもらえるでしょうか？ 慰謝料に限らず、どんなお金の権利も同じことが言えます。相手にお金がなければ、お金を払うよう請求することはできませんし、実際にお金をもらうこともできません。

ここでいうお金とは、大きく分けて「収入」と「財産」に分かれます。オトコは今回の件で収入を失い、一時的に失業状態になります。収入がなければ、慰謝料を分割でもらうことはできません。また貯金はどうでしょうか？ 翔太さんとオトコは赤の他人ですから、オトコがどこの銀行にいくら預けているのか、現時点ではそれを調べる方法はありません。だから、慰謝料を一括でもらうことはできません。オトコは無収入で財産不明という状態ですが、そのような相手から慰謝料をもらうことはできるでしょうか？ やはり、その答えは「ノー」です。だから、先走って会社に密告すると、ゆくゆくは慰謝料をあきらめるという結果になりかねません。それで本当に良いでしょうか？ よく考えてみてください。確かにオトコが今回の件で仕事を失えば、「とんでもないことをしてしまった」と心底反省をするでしょう。そして「不倫は高くつくから、もう二度としない」と心に誓うはずです。それを見て、翔太さんは「ざまあみろ」と溜飲を下げることができるかもしれません。一時的には気持ちがスッキリするでしょう。オトコの更生や改心に、翔太さんの行動は一役買うことになります。

しかし、それは本来、被害者である翔太さんがわざわざすべきことなのでしょうか？　もちろん、慈善事業やボランティアとして不倫体質の人間の性根を叩き直してあげるのは立派なことです。翔太さんが何もしなければ、オトコは不倫を繰り返し、そのことで2人目3人目の被害者が生まれていたわけですから。しかし、翔太さんにとってオトコはもう関係のない人です。今後の人生に二度と登場することはないでしょう。お互い顔も見たくないし声も聞きたくないと思っているのだから。翔太さんはそんな人間のために、本来もらえるはずの慰謝料を放棄するのです。それほどまでに「お人好し」なのでしょうか？　もし、そこまで、「人間ができていない」のなら、やはり、お金（慰謝料）を優先した方が良いでしょう。

ここまで話をまとめますと、「会社への密告」「慰謝料請求」という順で話を進めた場合、慰謝料をあきらめることになりかねません。一方「慰謝料を払わないと、会社へ密告する」と一緒くたに請求した場合、慰謝料をもらうことができる可能性があります。もし、不倫の責任を「失業」ではなく、「お金」という形でとらせたいと考えているのなら、くれぐれも順番を間違えないように。

2.【不倫の復讐被害】インスタで妻の浮気発覚！ 間男からのSNS攻撃という地獄
弱男（36歳）VS「逆ギレ」強女（34歳）

〈登場人物〉
夫：松本亮さん（36歳・会社員・年収900万円）／妻：松本凜子さん（34歳・派遣社員・年収250万円）／子：松本拓海（6歳・夫婦間の子供）

■ゴールデンウィーク中に人妻がハメを外す前提条件

日本人の多くは、待ちに待ったゴールデンウィークに突入すると、

「やっと柵から解放されてせいせいするわ。ようやく心身ともに休めるよ」

と、今まで張りつめてきた緊張の糸が、プッツリと切れてしまう人も多いでは？ それもそのはず。仕事の面では新会社への転職、新部署への異動、そして新担当者への交代など新年度から周囲の環境が大きく変われば、今まで以上にストレスやプレッシャー、そして不安が大きくのしかかる

のだから。このような五月病の症状は、男性より女性の方が顕著なのでは？　なぜなら子供の進学や進級、そして新しい習い事や地域のイベントなどで初対面の先生やママ友、そしてご近所さんと否応なく付き合わなければならないのだから。もちろん、我慢の限界に達する前に、途中で発散することができれば何も言うことはありません。人間の三大欲求は食欲・睡眠欲・性欲ですが、例えば、ホテルのランチブッフェで全メニューを制覇したり、連休初日にお昼過ぎまで爆睡したりという感じで。

今回、焦点を当てたいのはストレスのはけ口が「性欲」に向けられた場合にどうなるのかです。過去の傾向ではゴールデンウィークは気の緩みのせいでハメを外すケースが散見されるのですが、世の妻たちはどのようなトラブルを引き起こすのでしょうか？　今回紹介する松本亮さん（36歳）も渦中の1人です。亮さんの妻はポッカリと空いた心の隙を「別の男」に突かれ、せっかくの大型連休なのに家庭内がメチャクチャになってしまったのです。

■不倫の目撃情報をどうやって裏づけるか

「とにかく大切な思い出を汚されたことが一番、腹立たしかったんです」

そう苦虫を噛み潰すように語ってくれたのは、今回の相談者である松本亮さん。亮さんが私のところに相談に来たのは、3年前のゴールデンウィーク明けのこと。

きっかけは、バーのマスターの一言「（妻には）怪しい人がいるよ」でした。亮さん夫婦は共働きですが、今年のゴールデンウィークは仕事の都合で夫婦の休みは完全には一致せず、妻は一足先に実家へ帰省し、亮さんが追いかけていくという流れだったそう。そんなわけで、1日だけ妻子のいない自由な日があり、亮さんは久しぶりに行きつけのバーに顔を出したそうです。

元々妻もその店の常連で、亮さんはそこで妻と知り合い、付き合い、そしてゴールインしたとのこと。当時のマスターは今も健在で、亮さんが「実は僕たち結婚したんです」と伝えると、マスターもさぞかし喜んでくれるだろうと思いきや、喜ぶというよりは驚くような感じでした。亮さんが妻のことを話せば話すほど、マスターの表情は曇っていったそうです。これはどういうことなのでしょうか？

亮さんは、まるで独身時代に戻ったかのようにマスターとの昔話に花を咲かせたのですが、最後に亮さんが会計を済ませ、店を出るところでマスターが耳打ちをしてきたそうです。

「（妻には）怪しい人がいるよ」

マスターいわく、亮さんの来店は6年ぶりでしたが、妻はたまに顔を出していたそう。そして妻が1人で飲みに来ているのならともかく、どうやら別の男と連れ立っていたようで、しかも2人はまるで恋人のような雰囲気を醸し出していたそう。だから、マスターは妻がてっきり「別の男」と付き合っていると勘違いしていたのですが、妻が亮さんと結婚していることを知り、ただただ驚くばかりだったそう。マスターの助言を聞いた途端、亮さんの顔は真っ赤に火照り、両手はわなわなと震え、そして頭のなかが真っ白になったのは、決してお酒のせいだけではなかったでしょう。

■不倫の目撃者に迷惑をかけずに証言を活用するSNSテクニック

「妻が浮気をしているなんて完全に寝耳に水でした」

思わぬ形で妻の隠し事を知ることとなったので、当然といえば当然です。もちろん、亮さんは怒りに任せて感情的に動くことも可能といえば可能でした。例えば、お店を出た直後に妻へ電話をしたり、メールやＬＩＮＥを送ったり、そして翌日には妻の実家へ行く予定だったので帰省先で詰問したり……。しかし、亮さんには動くに動けない事情がありました。なぜ亮さんはすぐに妻を問い詰めることができなかったのでしょうか？

「マスターから聞いたんだけれど……」と万が一、亮さんが妻に軽々しく口走ったら、マスターの店はどうなるでしょうか？　例えば、「客のプライバシーを守れない店」という烙印を押され、悪評は口コミで広がり、売上げが下がるなどの風評被害に遭ってもおかしくはありません。せっかくマスターが良かれと思い、守秘義務に違反する可能性を覚悟しつつ秘密裏に教えてくれたのに、まさか恩を仇で返すようなマネはできないでしょう。そもそもマスターも、その男がどこの誰なのか素性を把握しておらず、妻の隣に座っている男が毎回「同一人物かどうか」も自信を持って言うことは難しいはず。

「マスターに迷惑をかけるわけにはいかないし、でも、これだけでは妻が素直に白状するとも思えないし……」

亮さんは事の真偽を確かめようにも、にっちもさっちもいかず、ウジウジと煮え切らない日々を強いられていたのですが、亮さんが私のところに相談に来たときは八方塞がりだったのです。

■Instagram《インスタグラム》の「チェックイン機能」で妻の怪しい動きを察知できる!?

私が亮さんへ教えたのは、Instagramの「チェックイン」という機能です。Instagramとは携帯電話のアプリケーションソフト（アプリ）の1つで、食事や旅行、買い物などの写真を投稿し、友達同士で教え合ったり、閲覧者が写真の感想を投稿したり、お気に入りに登録したりすることができるツールです。国内の利用者は、900万人を突破したといわれています。

次にチェックイン機能ですが、例えば食事の写真を投稿したときに、どの店で食事をしたのか、具体的な店名はもちろん、任意ですが店の住所などを添えることができる機能で、写真を投稿せずチェックインだけ行うことも可能です。

　ここで注目したいのは、例えばA店という店名を知っていれば、A店に誰がいつチェックインしたのか、どんな写真を投稿したのか、該当者や日時、写真の一覧を確認することができるという点です。亮さんいわく、妻はＩｎｓｔａｇｒａｍを利用しており、亮さんと妻はＩｎｓｔａｇｒａｍ上で友達同士でした。もし別の男もＩｎｓｔａｇｒａｍを利用していれば、マスターの店のチェックイン履歴をたどっていけば一目瞭然でしょう。

「いつも妻と一緒に来店していた男が『同一人物』なのかどうか、探し当てることができるのではないでしょうか？」

　私はそうやって亮さんにアドバイスをしたのですが、これならマスターが妻の来店日を逐一、正確に記憶していなくても大丈夫です。そして、亮さんは恐る恐るスマートフォンでＩｎｓｔａｇｒａｍのアプリを開き、バーの店名を入力してチェックインをした人の一覧を表示させ、上から順にスクロールさせていきました。確かに、妻は2～3ヵ月に1度のペースでチェックインしていました。問題はほとんど同じ時間帯にチェックインしている人がいるかどうかです。残念ながら、亮さんは該当者（ハンドルネーム：ｏｋａｐｏｎ１９７４）を発見してしまったのです。それは、「限りなく黒に近い灰色」が「黒」になった瞬間でした。

「思わず頭を抱えてしまいましたよ。まさかという感じで」

亮さんは当時のことを、そう回顧してくれました。亮さんは十分な証拠を揃えることができました。ようやく、機は熟したようです。

もちろん、妻は完全犯罪（夫に知られないように不倫する）が成功したと勘違いしているでしょうから、もし亮さんに「痛いところ」を突かれたらきっと逆ギレするでしょうし、被害者（亮さん）が加害者（妻）から罵詈雑言を浴びせられるという理不尽な展開が予想されます。

「それでも最後までやり切ろうと決めたんです！」

亮さんはこのように覚悟を決めることができたので、「ちょっと話がある」と妻を呼び出し、直談判に臨んだのです。

「これはどういうことなんだ！」

亮さんは今まで用意してきたＩｎｓｔａｇｒａｍの写真や店のチェックインの履歴、そして男のアイコン写真などを妻の目の前で広げた上で問いただしたのですが、妻はどんな反応をしたのでしょうか？

最初のうちの妻は往生際が悪く、「彼とは付き合っていないわ」とダダをこねたり、「２人きりで遊んだわけではないのよ」としらばっくれたり、挙げ句の果てには「私のことが信じられないなら、もう知らないわ」と逆上したりして、「男とはどういう関係なのか」をなかなか認めようとしなかったそうです。

しかし、最後に亮さんが「はっきりするまで自分で調べるし、実家の両親に相談するから」と念押しをしたところ、妻はやっと「逃げ切れない」と観念したようで、ようやく首を横振りから縦振りに変えたのです。

■ソシャゲで人妻と出会い、貢がせ、口説く間男の手口

諸悪の原因はソーシャルゲーム（ソシャゲ）でした。ソシャゲとは、SNS上で遊ぶことができるゲームのことです。妻は家事や育児の間にゲームのアプリをダウンロードし、ちょっとした気晴らし程度の感覚で遊んでいたそうです。

ソシャゲの特徴は1人で単にゲームをプレイするだけでなく、他の利用者と一緒にゲームの感想を話したり、一緒に攻略法を考えたり、そしてお金を払ってアイテムを購入してプレゼントしたりなど、ただゲームをするだけでなく人とのコミュニケーションを楽しむことができるのですが、妻もご多分に漏れず……。最初のうち、妻はわずかな空き時間にプレイするだけなので、いつまでた

っても下手なままでしたが、ゲームの上級者が丁寧に攻略法を教えてくれるうちに、会話の中身はゲームだけにとどまらなくなりました。

「親身に話を聞いてくれたので、次第に心を許していったような気がします」

後日談ですが、妻いわく亮さん（夫）の不満や愚痴、悪口をこぼしては、相手が聞いてあげるというやり取りを繰り返しているうちに、少しずつ相手との距離が縮まり、関係は親密になり、打ち解けていったようなのです。

さらにゲームの利用者は自分の分身であるアバター（コンピュータネットワーク上の自分の分身となるキャラクター）を作り、それを画面上に表示しながらゲームや会話をするのですが、妻は相手のために服や帽子、メガネなどのアイテムを購入し、相手は妻からもらったアイテムでアバターをデコレーションしたりするなどラブラブだったようで……。もちろん、仮想空間のなかでイチャイチャしている分には構わないですし、妻も大の大人なので多少の課金であれば差し支えないでしょう。

しかし、実際には後日、携帯番号やメールアドレス、そしてＬＩＮＥのＩＤを交換し合い、現実世界でのやり取りへと移行したのです。さらにはアバターでは飽き足らず、本人に直接会いたいと思うのも時間の問題でした。

■交通系ICカードでラブホ行きを白状させるには!?

ところで、妻がその男と肉体関係を持ったのかどうかを、亮さんはどのように突き止めたのでしょうか？

「交通系ＩＣカードの履歴を確認したら、足取りがつかめるかもしれませんよ」

私は亮さんへアドバイスをしたのですが、交通系ＩＣは前もってネット上で登録しておくと、どの駅の改札を通過したのかや乗り降りの日時を確認することができます。これは駅の券売機でも同じことが可能ですが、亮さんが妻にＩＣカードを出させ、スマートフォンに電鉄会社のサイトを表示し、必要事項を入力したところ、あろうことか一致してしまったのです。妻が男とバーに行った日（Ｉｎｓｔａｇｒａｍのチェックイン履歴）と山手線の鶯谷駅で乗り降りをした日が……。

確かに、亮さんはラブホテルに入った瞬間や出てきた瞬間の写真など、確たる証拠を持っているわけではないので、妻には言い逃れの余地もあったかもしれません。しかし、妻にとって鶯谷は縁もゆかりもない場所で、何の理由もなく行くようなところではないので、「何のために行ったのか」を認めざるを得なかったのです。

私が驚いたのは、１回目のデートで「バー経由ラブホテル行き」のルートを辿っていること。２人は仮想空間でやり取りをしていたとはいえ、現実世界では完全に初対面で顔も声も知らないのにです。結局、Ｉｎｓｔａｇｒａｍのチェックイン履歴と交通系ＩＣの乗降履歴を照らし合わせていくと、妻と男は計6回、鶯谷で逢瀬を重ねていたことが明らかになりました。

これで終われば良かったのですが、そうは問屋が卸しません。亮さんが全く想像だにしない方向へと話は急展開していったのです。

■Facebook《フェイスブック》を悪用した復讐劇…… 本当の犯人は誰!?

Ｉｎｓｔａｇｒａｍはｆａｃｅｂｏｏｋ（Ｆａｃｅｂｏｏｋ社が運営するＳＮＳ）と紐付けられていることも多く、男のＦａｃｅｂｏｏｋのアカウント「ｏｋａｐｏｎ１９７４」を発見することができたのです。しかし、それは見覚えのあるアカウントでした。

亮さんいわく、半年前に見知らぬ人からＦａｃｅｂｏｏｋで友達申請があったそう。申請者と亮さんとの間にＦａｃｅｂｏｏｋ上の友達は「妻」だけだったそうですが、亮さんは仕事柄、多くの人と名刺交換をするので「名前を思い出せないけれど、忘れてしまっただけで、もしかすると面識があったかも」と思い、うっかり申請を承諾してしまったそうです。そう！　この申請者のアカウントが今回の男（ｏｋａｐｏｎ１９７４）だったのです。

「今、思えば、うかつだったと反省しています」

亮さんは当時、何の疑いも抱かなかったようですが、それもそのはず。最初のうち、男は亮さんが投稿した写真に「いいね！」を押すくらいで、Ｆａｃｅｂｏｏｋ上で目立った言動はなく、あくまで友達の１人に過ぎず、亮さんが「何かおかしい」と勘付くこともなかったのです。しかし、「妻との直談判」をきっかけに男が本性を現し、あからさまに亮さんを攻撃してきたのです。これはどういうことでしょうか？　男は亮さんのタイムラインにこんなことを書き込んできたのです。

「今、どんな気持ち？」

と。ところでＦａｃｅｂｏｏｋに文章や写真、動画などを投稿しようとすると、当時は投稿スペースに「今、どんな気持ち？」と表示されるよう初期設定がされており、これは亮さんに限らずどの利用者も設定を変更しない限りは同じです。いつも見慣れた投稿スペース（「今、どんな気持ち？」と表示されている）なのか、それともタイムラインに誰かが「今、どんな気持ち？」と書き込んだのか、亮さんは一目で見分けることができませんでした。そして、やや間があってあの男の仕業だと気づきました。と同時に悟ったのです。

「妻に裏切られて、寝取られて、騙されて、『どんな気持ち？』と馬鹿にされているのだと」

時間差のせいで怒りがますますこみ上がるだろう――。それは男の作戦通りだったのでしょうか。いずれにせよ、亮さんの感情を逆なでるには十分でしたが、男は追撃の手を緩めることはなく、また別の攻撃を仕掛けてきたのです。それは一体、何でしょうか？　Ｆａｃｅｂｏｏｋ上では互いにメッセージ（メッセンジャー）でやり取りをすることが可能ですが、今度はこのメッセージ機能を悪用して、亮さんにさらなるダメージを与えようと企ててきたのです。メッセージの具体的な文面は以下の通りですが……。

「僕はママと付き合っているの。ママはパパと離婚して僕と一緒になるんだよ」

「可愛そうな彼女を助けてあげたんだ！　何が悪い‼」

「奥さんを僕にくださいよ」

時には息子さんへあることないことを吹き込んでやると脅したり、時に正義の味方ぶって亮さんを加害者に仕立て上げることで悪事（不倫等）を正当化しようとしたり、時に実家の父親に息子との結婚の許しを求めるが如く夫（亮さん）に妻との結婚の許しを得ようとしたり（亮さんが「うちの嫁はお前にはやらん！」と言うとでも思ったのでしょうか？）。

男はメチャクチャな論理構成で、意味不明なことを矢継ぎ早に仕掛けてきたので、亮さんは何が何だか分からず完全に混乱した状態で、とにかく頭がおかしくなりそうでした。

「男に反論する気力も残っていませんでしたよ」

亮さんは当時の悪夢を振り返ってくれましたが、男をＦａｃｅｂｏｏｋ上の友達から削除して、今後、再び友達申請ができないよう再設定するので精一杯だったようです。亮さんはしばらくの間、また男が何か仕出かすのではないかとビクビクと怯えていたようですが、程なくして「Ｆａｃｅｂｏｏｋテロ」はおさまりました。

■妻として不適格でも子供の母として結婚生活を続けるという選択肢

「とにかく大切な思い出を汚されたことが一番、腹立たしかったんです」

亮さんは一度、沸点に達した怒りがなかなか収まらなかったようですが、それもそのはず。マスターのバーは2人が最初に出会った場所で、亮さんだけでなく妻にとっても大事な店だったはずです。それなのに別の男を連れて行くなんて、どういう神経をしているのか……。

亮さんはどうしてもそれが解せず、思考の迷路に迷い込んでしまったようです。もし妻が後先考えず思いつきだけで動いているとしたら、そもそも妻の一挙手一投足に「理由」など存在しないはずです。だとしたら、いくら考えても無駄です。私は、亮さんをこう諭すしかありませんでした。「そういう人なんだと割り切るしかないでしょう」と。

亮さんは妻にまんまと裏切られ、男にこれだけバカにされ、すでにプライドはズタズタだったはずです。当然のことながら、離婚の二文字が頭をよぎってもおかしくないのです。亮さんはこの落とし前をどのようにつけたのでしょうか？　亮さんは妻の過ちを許し、「次はないから（次は離婚だから）」とお灸をすえ、そして今回の件はすべて水に流して、不倫発覚前のように妻そして息子さんと接することにしたようです。

なぜ、こんなに寛大な処置で済ませることにしたのでしょうか？　亮さん夫婦には6歳の息子さんがいます。その息子さんは、まだ幼いながらも母親の異変を敏感に感じ取っていたようで、不安そうな顔をして訴えかけてきたそうです。「ママとケンカしないでね」と。

亮さんは息子さんの気遣いにただただ驚くばかりでした。息子さんがそんなことを口にするのは今回が初めてで、不倫発覚前にはなかったそうです。亮さんはまさか母親の不倫や間男の存在を息子さんに話すわけにはいかないので、息子さんに対しては本当のことを隠しつつ、当たり障りのない言葉で取り繕うしかありませんでした。そのため、息子さんの不安な気持ちを取り除くことができないことに、歯がゆさを感じずにはいられませんでした。

万が一、このまま離婚すると息子さんから母親を奪うことになり、息子さんの人格や成長そして情緒に悪影響を与えるでしょう。さらに、このまま息子さんの心に傷が残れば、同様に情緒は安定せず、人格形成に支障をきたすことも心配されます。

「確かに妻はとんでもない女であることに違いありませんが、『いない方がマシ』とは言い切れなかったので……」

亮さんは息子さんのことを考え、母親という存在を残すため、いったん離婚を封印することにしたそうです。

第2章

離婚　～難攻不落の強女から有利な条件を引き出すテクニック～

1．【離婚喪失論】男は離婚で「妻」以外に何を失うのか（36歳・45歳・28歳・32歳）

■なぜ離婚の喪失感は男の人生を狂わせるのか

世の男たちは離婚によって何を失うのか――。そのことを否が応でも考えさせられる事件がありました。２０１６年2月の清原和博さん（元プロ野球選手）逮捕（覚せい剤取締法違反）です。清原さんは妻と離婚し、2人の息子さんはその妻が引き取りました。薬に手を染めるような輩は、どうせ子供のことなど顧みないダメ亭主に違いないと世間的には思われがちです。しかし、報道によると清原さんは息子さんの野球の試合を応援に行くなどしていたようです。もちろん、薬物の存在を決して正当化することはできません。ただ、特に子を持つ父親の立場からは、清原さんを頭ごなしに責めることができないのは、彼のなかに父親らしさが垣間見えるからかもしれません。

少し話は変わりますが、俳優の高岡奏輔さんも同年末、見知らぬ男性と喧嘩沙汰になり、男性の顔面を殴ったり腹を蹴るなどして怪我を負わせたとして逮捕されました。当時、高岡さんは泥酔状態だったと報道されています。高岡さんも女優の宮崎あおいさんと離婚しており、「離婚→不祥事

→逮捕」という流れは清原さんと共通しています。

ここで考えてみたいのは、「妻を失うという喪失感」は赤の他人に喧嘩を吹っかけるほど大量のアルコールを摂取したり、覚せい剤を使って一時の快楽に溺れなければならないほど、男にとって「辛い過去」なのかということです。どちらも離婚から時が経過しているのだから、そろそろ「時間が解決してくれそう」なものですが、むしろ「時間が悪化させている」ように見えます。これはどういうことなのでしょうか?

「鬼嫁と離婚できて、せいせいしたわ!」

「ようやく自由の身になったから、もっとイイ女を探そう!」

「もう金を家に入れなくていいから、全部オレのこずかいだ!」

そんな風に離婚を楽観的にとらえ、「人生の再出発だ」と前向きに進んでいくことができれば「辛い過去」とは言えませんが、本当はどうなのでしょうか? 離婚直後はまだ強がっており、「何を失ったのか」に気づいていないだけです。遅かれ早かれ、失ったものの大きさを目の当りにして愕然とするとしたら……。離婚から時間が経てば経つほど、喪失感がじわじわと心を蝕《むしば》んでいってもおかしくはないでしょう。まるでボクサーが打ち込むボディーブロー、いや、レバーブローのように……。では、彼らは離婚によって何を失ったのでしょうか?

ここでは、私のところに来た男性の相談内容のなかから「離婚して後悔すること」を抽出し、多い順に4つを挙げていきたいと思います。相談内容は多岐に渡るのですが、「子供のこと」に絞ります。具体的には、お金・プライド・育児の協力・親子関係の4つです。心の傷はどのくらい深く、大きく、暗いのかは傍から見るとピンとこないので、やはり経験者に直接マイクを向けるのがよいでしょう。

■養育費で離婚貧乏に陥る優男の憂鬱

まず「離婚して後悔すること」の1つ目「お金」ですが、どうして離婚したせいでお金を失ったのでしょうか?

「自殺も考えましたが、なかなか踏ん切りがつきません。本当に死んだほうが楽になれるような気がします。生きていても仕方がないような気がしてならないです……」

そんな苦しい胸のうちを語ってくれたのは、星野雄大さん(36歳)。雄大さんはどうして精神的に追い詰められ、人生に絶望し自殺が頭をよぎるようになってしまったのでしょうか?

雄大さんが離婚したのは結婚6年目のときでした。1人息子は妻が引き取り、雄大さんは妻に対して息子さんの養育費として毎月9万円を支払うことを約束しました。当時の雄大さんの年収は

600万円。毎月9万円の養育費は労せず支払える範囲でしたが、東日本大震災をきっかけに状況が一変しました。

雄大さんはイベントの企画会社を経営していたのですが、震災後は仕事が激減して、収入も3分の1以下になってしまいました。そのため、自分が食いつなぐので精一杯でした。息子さんの養育費は貯金を切り崩し、アルバイトをして、そしてさらに消費者金融で借金までして何とか支払ってきました。しかし、このような自転車操業が長続きするわけもなく、すでに限界に達してしまったのです。現在はうつ状態で、心療内科へ通院しているそうです。

「どうすればいいのか……。物事を考えることすら今はしんどいです。夜も寝られず、体重は10キロも落ちて……もう元には戻れないような気がします。毎日、布団の中で悩んでいるだけ。本当は先方（元妻）に頭を下げるしかないんでしょうけれど……頭では分かっていても体がついていかないいんです」

離婚してから6年が経とうというのに、今だに金銭面で好転する気配はなく、むしろ悪化の一途を辿っているのが雄大さんの現状です。離婚したおかげで金持ちになる「離婚長者」など世の中にはほとんど存在せず、十中八九は転落する「離婚貧乏」なのですが、雄大さんは離婚貧乏の最たる例でしょう。

■「妻の不倫」で失った男のプライドは取り戻せないのか？

次に「離婚して後悔すること」の2つ目「プライド」ですが、なぜ離婚したせいで男のプライドはズタズタに引き裂かれてしまったのでしょう？

「信じていた妻に裏切られました。僕は精神的に破壊され、今は理不尽と葛藤しながら暮らす日々です。悔しいです……」

「離婚の喪失感」について、そう語ってくれたのは宮下純一さん（45歳）。純一さんが離婚したのはちょうど3年前。結婚生活の最後の方はほとんど生き地獄も同然で、最終的には妻の不倫が発覚したのが決め手となり、離婚せざるを得ない状況に追い込まれたそうです。

純一さんは妻の不倫で3人の息子さんと引き離され、念願のマイホームは売りに出すしかなくなりました。実家には顔向けができないので、1人寂しくアパートの一室で暮らしていました。しかし、純一さんもやられっ放しだったわけではなく、鬱憤《うっぷん》を晴らすべく反撃に打って出たそうです。

まず、弁護士に依頼して不倫相手の男へ慰謝料を請求したのです。しかし、いつまで待っても相手の男から純一さんの口座へ慰謝料が振り込まれてくることはなく、弁護士に「どうなっているんですか？」と尋ねてみても、「今やっているよ」「忙しいんだ」「ちょっと待ってくれ」という感じで最低限の進捗すら教えてもらえず……。

結局、純一さんは弁護士に見切りをつけ、自力で行動を起こしたそうです。具体的には、不倫相手の男の職場へ掛け合うべく人事部へ連絡をとったのですが、「プライベートな問題ですので」と取り合ってもらえませんでした。純一さんは完全に息詰まってしまったのです。

「僕は何もかも失いました。でも、妻や男はどうでしょうか？　何も失うことなく、今も平気な顔で暮らしていると思うとやり切れません。不倫は犯罪じゃないんですか！　こんな理不尽が許されるんですか？　泣き寝入りするしかないんですか！」

純一さんは離婚から3年が経とうというのに、気持ちの整理はできていませんでした。離婚のせいで傷ついた心は、時間の経過とともに次第に風化すれば良いのですが、純一さんの場合は時間の経過とともにますます酷くなっているように私の目には映りました。

■DV（家庭内暴力）偽装という親権獲得の常套手段とは!?

「離婚して後悔すること」の3つ目は「育児の協力」です。なぜ、離婚によって育児への協力は「なかったこと」にされてしまったのでしょうか？

「こんなことが許されるんでしょうか？　勝手に息子を連れ出し、実家に帰って、そのまま離婚しようだなんて！」

そう声を荒げるのは山上拓海さん（28歳）。拓海さんは専業主婦の妻、そして5歳の息子さんと暮らしていました。しかし、ある日のこと拓海さんが仕事を終えて家に帰ると、家のなかは完全にもぬけの殻。そこに妻子の姿はなく、必要な荷物は運び出されており、ダイニングテーブルの上には鍵が置かれていたそうです。

それだけではありません。翌日には裁判所から呼び出しの手紙が届いたのです。それは妻が離婚の調停を家庭裁判所へ申し立てたことを意味していたのです。妻の計画通りだったとはいえ、次から次へと矢継ぎ早に不幸が襲ってきたので、拓海さんは自分の身に何が起こっているのか、現実を直視できるようなるまでにかなりの時間を要しました。離婚調停の当日になって、ようやく気持ちを入れ替えて臨むことができたそうです。なぜでしょうか？　拓海さんは当時のことを振り返ってくれました。

「嫁のやり方はとにかくメチャクチャですが、こんな理不尽が裁判所で通用するわけがないでしょう。僕が言うべきことを言えば、きっと息子を取り戻せるし親権も取れる。嫁をギャフンと言わせることができるはず！」

拓海さんはそう信じて疑わなかったそうです。というのも、拓海さんは子煩悩で、息子さんが誕生してから別居の前日まで、きちんと子育てを手伝ってきたそうです。例えば、息子さんの行事には必ず参加し、保育で使う布団を用意したり、上履き入れを作ったりと、育児には全面的に協力してきたという自負がありました。だから、「小さい子供には父親より母親の方が必要だ」「母親の方が家にいるから」「母親に経済力がなければ、父親に養育費を払わせればいい」などと、妻が身勝手なことを言い出しても思い通りにはならないだろうと。

しかし、調停の場では残念ながら、拓海さんの意見は全くといっていいほど聞き入れられなかったそうです。これはどういうことでしょうか？　妻はあろうことかDVをでっち上げたのです。「旦那の暴力から逃れるため、息子を連れて実家に戻ってきました。旦那のことは怖くて仕方がないので結婚生活を続けるのは無理です。これからは私が1人で息子を育てていきます」と。

もちろん、拓海さんには身に覚えがなく、妻の言い分が真っ赤な嘘なのは明らかなのですが、いかんせん加害者認定された拓海さんが言い訳をすればするほど胡散臭くなってきて、裁判官や調停委員は被害者である妻の声になびいていったそうです。結局、DVの真偽について触れることなく、「DVの加害者に子供を任せられないでしょ！」と一喝されてしまい、拓海さんはほとんど何も言い返せないまま、半ば強制的に「親権は妻」という条件で離婚させられてしまったのです。

「離婚の計画や子供の連れ去り、そして偽装DV……。いとも簡単に認められるなんて信じられません。せめて男女平等にすべきでしょ！『離婚＝男が悪い』って決めつけるのもおかしいし、『女

＝社会的弱者』だから保護すべきだなんて、じゃあ男はどうなるんですか？　これじゃ、完全に逆差別ですよ！　許せません‼」

拓海さんはこれまでの人生を清く正しく生きてきたつもりだったし、相手が誰であろうと平等に接してきたそうです。それなのに離婚の件では偏見の目で見られ、差別的な扱いをされ、嘘がまかり通るという悪夢のような経験を強いられたのです。すべて拓海さんの価値観とは正反対だったので、今でも腑に落ちないようで、当時の記憶がよみがえるたびに、胸を締めつけられるような苦しい思いをしているのです。

■子供を人質に金をせびる前妻の厚かましさ

「離婚して後悔すること」の4つ目は「親子関係」です。なぜ離婚によって親子は引き離されてしまったのでしょうか？「ようやく嫁と離婚できたのは良かったのですが、今度は息子と会わせてもらえず困っています」と嘆くのは福田和也さん（32歳）。和也さんは離婚してから、まだ8ヵ月目。和也さんから離婚を切り出したので、息子さんの親権は妻に譲るのも致し方ありませんでした。

和也さんのように、離婚時に家庭裁判所で離婚調停を申し立てた場合、調停のなかで決めた子供への面会の約束はきちんと書面（家庭裁判所が発行する「調停調書」）に残したので、当然のように息子さんと面会できると楽観視していたそうですが、蓋を開けてみたらこの有り様です。

和也さんいわく、元妻には前もって話を通しており、面会当日の待ち合わせ時間や食事の場所、送迎の担当なども決めておいたそうです。それなのに、元妻は前日になってドタキャンをしてきたのです。「他の用事ができたから行けなくなったの」と。結局のところ、和也さんは離婚から8ヵ月間も息子さんと一度も会うことができず今日に至ったのです。最近では元妻の断り文句も巧妙になってきているようで、「○○（息子さんの名前）が『パパに会いたくない』と言っているから」と言い出したそうです。

「もしかして、僕の悪口を息子に吹き込んでいるんじゃないか……」

和也さんは気が気でならないようですが、もはや妻と息子さんとの会話を知ることすらできないのです。一方で和也さんは離婚から現在まで、毎月せっせと養育費を支払っているのですが、和也さんが元妻に対して不信感を持つのは当然のことで、

「本当に息子のために使っているのか？　お前のこずかいじゃないんだぞ！」

と、和也さんは元妻に対して、養育費を何に使っているのか具体的な内訳を聞き出そうとしたのですが、元妻は知らぬ存ぜぬという感じで何も答えようとしません。挙げ句の果てには「文句があるのなら、息子に会せないからね」と言わんばかりの態度で、まるで子供を人質にとっているよう

な物言いだったそうです。

「これじゃあ、息子とは『生き別れた』も同然です。養育費だけ払わされるんじゃ納得いきませんよ。最近は僕のような父親が増えているのでしょうか？　本当に頭にきます！」

このように和也さんは「わが子に会えない寂しさ」を日に日に募らせていったのですが、そのせいで心が荒んでいくのも無理はないでしょう。

■なぜ別れたのに前妻に振り回されるのか　～離婚経験男の悲痛な叫び～

ところで、悪妻と離婚できたとして、完全に縁を切ることはできるのでしょうか？　いいえ。「元妻の存在」を完全に消すことは不可能で、実際には離婚したのにビクビクと怯えながら暮らさなければならないのです。番外編として紹介しましょう。

「先日、元妻から連絡があり、『会って話したい』とのこと。ノコノコと会いに行った僕も悪いんですが、『よりを戻したい』と言われて困っているんです。そんなことを言われるんだったら会わなければよかった……」

困惑の表情を浮かべるのは、田村健太郎さん（33歳）。田村さんが元妻と離婚したのは昨年のこと。当時はまだ結婚3年目で、娘さんは2歳と可愛い盛り。どうしてこのタイミングで離婚せざるを得なかったのでしょうか？

「妻の暴力が離婚の原因でした。妊娠中から情緒が不安定だったのですが、少しでも気に入らないことがあると手を上げるのです。僕は一切、手を出さず我慢していたのですが、出産してからも日に日にエスカレートするばかり。最後の日は叩かれるだけ叩かれ、逃げるように交番に駆け込み、助けを求めたのです」

後日、健太郎さんは病院に行って医者の診察を受けたのですが、その場で診断書を発行してもらったそうです。その足で警察へ相談に行ったのですが、残念ながら、まともには取り合ってもらえなかったのです。「逆DVだから、事件にするのはちょっと難しいですね。本人同士でもう少し話し合ってみてはどうですか？」と。

健太郎さんが自宅に戻ると、妻は「ごめんなさい」と平謝りし、「もう出て行かないで」と泣きつき、「これからは心を入れ替えるわ」と反省の弁を繰り返したそうです。これを健太郎さんはどう思ったのでしょうか？「妻の存在はただただ恐怖でしかなく、DVというトラウマを植え付けられた相手と一つ屋根の下で暮らすことは考えられなかった」と言います。「忘れた頃にまた手を上げるに違いない」という不信感を払拭することはできず、最終的には離婚に踏み切ったのです。健太郎さんからすれば「今さら謝られても……」という感じでしょう。健太郎さんは元妻からの求婚に対して、どのように答えたのでしょうか？

「実を言うと、僕には新しい彼女がいるんです。元妻のことを今はもう愛していませんよ。そもそも娘にはどのように説明するつもりなんでしょうか？　こんなに簡単にパパとママがくっついたり離れたりして……。信じられません」

元妻はそれでも「子供に会って欲しい。子供のためによりを戻して欲しい」とすがってきたそうで、しかも話合いの別れ際には「もう恨みっこなしね！」と言い、健太郎さんは半ば強制的に握手をさせられたのです。しかし、元妻が何と言おうと健太郎さんの気持ちが変わることはありませんでした。結局、元妻は「あなたとはよりを戻さなくて正解だったわ」とLINEで捨て台詞を吐いた後、いったん連絡は途絶え、健太郎さんは胸をなで下ろしていたのでした。

元々2人は「元」夫婦で、しかも元妻は健太郎さんに捨てられるような形で離婚したのですが、なぜ今さらすり寄ってきたのでしょうか？　健太郎さんが察するに、離婚後に元妻は新しい彼氏と付き合っていたけれど、最近、何らかの理由で彼氏にフラれてしまい、心寂しくなり、人恋しくなり、そして経済的に厳しくなり、健太郎さんのことを思い出したのではないか……と。

「確かに、僕は娘の父親だし彼女は母親です。そのことは一生、変わりません。しかし、僕と彼女は赤の他人なんです。こんな女と結婚したのが運の尽きなのでしょうか？　これで最後なら良いのですが、これからも娘をダシにして好き勝手なことを言ってきそうで頭が痛いです」

健太郎さんはようやく妻と離婚できたのに、今でも元妻の影に怯えながら、肩をすくめるように暮らしているのです。どうやら妻というのは、離婚したとしても、忘れたくても忘れられない存在としてつきまとうようです。


今回は離婚経験者の男性の悲痛な叫びを紹介してきました。「これを読んで何が変わるの？」と、あなたは首をかしげるかもしれません。確かに清原さんや高岡さんのように離婚「後」、悩んだり、苦しんだり、頭を抱えている人の「諸悪の根源」を解決するほどの効果は期待できないでしょう。ただ、「何の意味もないのか」というとそんなことはありません。「そう、そう、そうなんだよね」と共感できる話の1つや2つがきっと含まれているはずです。「こんなに辛い思いをしているのは自分だけじゃない」と共感することができるのではないでしょうか？

「結構、みんな大変なんだな。じゃあもう少し頑張ってみようか」と開き直ることができれば、イライラやモヤモヤが多少でも晴れて、大量のアルコールや薬物、そして暴力に頼らずに生きていけるのではないでしょうか。清原さんや高岡さんを反面教師にして、道を外れて人生を台無しにすることがないよう願っています。

2.【母子家庭の養育費】親権を持つ妻へ夫が養育費を払う

■「キャッシュフロー表」を作らなければならない3つの理由

離婚となる場合、養育費がどれくらいかを計算する（キャッシュフロー表の作成）必要があります。その理由に、以下の3つが挙げられます。

1．どちらが引き取るのかを確認するため

まず、子供を夫が育てた場合あるいは妻が育てた場合をそれぞれシミュレーションし、どちらが親権者にふさわしいのかを考えます。親権者とは離婚後、子供を引き取って面倒をみる親のことを言います。しかし、実際には「妻が全児の親権を行う場合」79・2％、「夫が全児の親権を行う場合」16・5％という統計が平成10年に出ています（「母子家庭に関する調査」厚生労働省）。ちなみに、この「父親の約8割が親権をとれない理由」には以下のような点が考えられます。

・父親はフルタイムで仕事をしていることが多く、子供の面倒をみられない

・6歳以下は保育園、6歳以上は学童や民間の保育施設に預けるが、定時に仕事が終わったとし

ても保育料は月5万円、残業で7～8時となると10万円を超えることが多く、現実的ではない
・育児の経験が乏しいため、休日に面倒をみるのも苦労する
・子供が物心をついたら本人の気持ちが尊重されるが、子供は普段、長い時間接している母親を選ぶことが多い
・「親権の8割は母親が持っている」という事実が一般的になり、妻もこの事実を知っていることが多い。そのため、父親はすでにあきらめていて、そもそも離婚の話合いで「子供を引き取りたい」とすら言わない
・夫婦が同居しながら離婚の話合いをするのは精神的に耐えられないので、すでに妻は子を連れて別居していることが多い。別居の理由は冷却期間や離婚前提など様々だが、一度、手元から離れた子供だけを連れ戻すのは困難なので、離婚後もそのまま母親が親権を持つことになる
・母親から養育費をもらうのは困難で、自分（父親）の収入だけでやらなければならない。しかし、私が見てきたなかで、父親が親権を取得できたのは母性が欠如しているケースで「母親が逃げて、子供と父親が家に残された場合」のみ。母親が逃げ出した先は実家や浮気相手の家だが、いずれにしても、この手の女性はきちんとした仕事を持っていない（仕事があれば、そう簡単に家出はできない）ことが多い

2．長期的な視野を持つため

養育費とは、子供を引き取っている親（＝親権者）に引き取っていない親（＝非親権者）が支払うお金のことです。例外的に離婚時一括のこともありますが、原則は毎月支払うもので、しかも10年20年と支払いは続きます。離婚の話合いに際し、概して妻は感情的で「その場しのぎ」になりがちのようです。先のことまで頭が回らないため、夫が10年20年先のスパンで考える材料を妻に提供する必要があります。夫が「未来予想図」を提示することで、今現在の事情だけでなく、先々の事情までひっくるめて養育費の金額や期間などを工夫することができます。そのために必要となるのが「キャッシュフロー表」です。

3．定額か、変額か

「母子家庭の年間収入」は子供1人の場合141万円、子供2人の場合は212万円（「平成18年全国母子世帯等調査結果報告」厚生労働省）とされています。一方、「標準的な生活費（消費支出のみで家賃はなし）」は2人暮らしの場合221万円、1人暮らしの場合180万円（「平成23年家計調査」総務省）となります。そこで、養育費を全期間「定額」にするのか、段階的に増額する「変額」にするのかを客観的に判断します。この時、大切になるのが事情変更です。これは双方の再婚、相手の収入増、失業、病気、子供の進学、物価変動などにより養育費が減額または免除される可能性があるものを言います。

「定額」は、事情変更に強いと言われます。次頁「キャッシュフロー表①」で、仮に平成30年で支払いが終了だったとすると、定額の場合は総額714万円、変額の場合は総額507万円となり、この場合、もらえる側にとっては定額の方が安心です。ただ、例えば「大学進学を前提」に定額算定・支払いをしていた場合、もし大学に進学しなかったとき、その分は「払いすぎ」となります。

「変額」は、初めの頃は支払金額が少ないので、「これなら払える」と感じますが、将来的には金額が増えていくので、一概に有利な条件とは限りません。ただ、進路などを予《あらかじ》め算定しておくことで、「定額」のような「払いすぎ」を防げます。

キャッシュフロー表では妻の収入が増えないことを前提としていますが、実際は増える可能性もあります。「キャッシュフロー表①」の場合では、年収に占める養育費の割合が平成24年で14％、平成38年は38％ですが、年収が700万円になれば、平成38年は26％になります。つまり、養育費の算定は自分や相手の将来をよく考え、キャッシュフロー表を作成して支払計画を立てることが賢明です。

キャッシュフロー表①（妻が専業主婦やパートの場）

＜子供が大学卒業までのキャッシュフロー表＞

平成	23年	24年	25年	26年	27年	28年	29年
子供の年齢	4	5	6	7	8	9	10
＜収入＞							
可処分所得	60	60	60	60	60	60	60
養育費	**71**	**71**	**73**	**73**	**73**	**73**	**73**
こども手当	12	12	12	12	12	12	12
児童扶養手当	49	49	49	49	49	49	49
＜支出＞							
基本生活費	150	150.1	150.2	150.3	150.4	150.5	150.6
生損保	12	12	12	12	12	12	12
教育費	30	30	32	32	32	32	32

平成	30年	31年	32年	33年	34年	35年	36年
子供の年齢	11	12	13	14	15	16	17
＜収入＞							
可処分所得	60	60	60	60	60	60	60
養育費	**73**	**73**	**89**	**89**	**89**	**97**	**97**
こども手当	12	12	12	12	12		
児童扶養手当	49	49	49	49	49	49	49
＜支出＞							
基本生活費	150.7	150.8	150.9	151	151.1	151.2	151.3
生損保	12	12	12	12	12	12	12
教育費	32	32	48	48	48	56	56

（単位　万円）

平成	37年	38年	39年	40年	41年	42年	43年
子供の年齢	18	19	20	21	22		
＜収入＞							
可処分所得	60	60	60	60	60		
養育費	**97**	**186**	**186**	**186**	**186**		
こども手当							
児童扶養手当	49						
＜支出＞							
基本生活費	151.4	151.5	151.6	151.7	151.8		
生損保	12	12	12	12	12		
教育費	56	145	145	145	145		

（単位　万円）

＜数値の分析＞

養育費の合計（19年間）	**1,955万円**	**1,955万円÷228ヵ月（19年）＝約8.5万円（月々の平均）**
教育費の合計（19年間）	**1,176万円**	
旦那様の収入合計（19年間）	**9,120万円**	**480万円（22年度現在）×19年**
収入に占める養育費の割合	**21.4%**	**1,955円（養育費合計）÷9,120万円（夫の収入合計）**

＊離婚後に夫が単身の場合、収入に占める養育費の割合は20～30%だと支払い可能と判断できます

①妻が監護権を持ち子供を育てる。離婚後は月６万円のアパートで暮らす
②生命保険の保険料は年間12万円とする［保障内容は定期保険＝1,490万円、３大疾病特約＝200万円、疾病障害保障定期特約＝200万円、介護保障特約＝600万円（17年度日本生命の保険料速見表より）］
③基本生活費・可処分所得には年0.1%の物価上昇率を採用
④児童扶養手当は磐田市のものを適用
⑤教育費は小学校→公立、中学→公立、高校→公立、大学→国立文系にて算出

キャッシュフロー表②（妻が正社員の場合）

＜子供が大学卒業までのキャッシュフロー表＞

平成	23年	24年	25年	26年	27年	28年	29年
子供の年齢	9	10	11	12	13	14	15
	6	7	8	9	10	11	12
＜収入＞							
可処分所得	350	350.3	350.6	350.9	351.2	351.5	351.8
養育費	**74**	**74**	**74**	**74**	**94**	**94**	**94**
こども手当	24	24	24	24	24	24	24
児童扶養手当							
＜支出＞							
基本生活費	250	250.2	250.4	250.6	250.8	251	251.2
生損保	12	12	12	12	12	12	12
教育費	120	120	120	120	140	140	140
住宅ローン	66	66	66	66	66	66	66

	30年	31年	32年	33年	34年	35年	36年
子供の年齢	16	17	18	19	20	21	22
	13	14	15	16	17	18	19
＜収入＞							
可処分所得	352.1	352.4	352.8	353	353.3	353.6	353.9
養育費	**134**	**134**	**134**	**174**	**174**	**174**	**194**
こども手当	12	12	12				
児童扶養手当							
＜支出＞							
基本生活費	251.4	251.6	251.8	252	252.2	252.4	252.6
生損保	12	12	12	12	12	12	12
教育費	180	180	180	220	220	220	240
住宅ローン	66	66	66	66	66	66	66

（単位　万円）

平成	37年	38年	39年	40年	41年	42年	43年
子供の年齢	20	21	22				
＜収入＞							
可処分所得	351.2	351.5	351.8				
養育費	74	74	74				
こども手当							
児童扶養手当							
＜支出＞							
基本生活費	252.8	253	253.2				
生損保	12	12	12				
教育費	120	120	120				
住宅ローン	66	66	66				

（単位　万円）

＜数値の分析＞

養育費の合計（17年間）	1,918万円	1,918万円÷204ヵ月（17年）＝約9.4万円（月々の平均）
教育費の合計（17年間）	2,700万円	
旦那様の収入合計（17年間）	11,050万円	650万円（22年度現在）×17年
収入に占める養育費の割合	17.3%	1,918円（養育費合計）÷11,050万円（夫の収入合計）

＊離婚後に夫が単身の場合、収入に占める養育費の割合は20〜30%だと支払い可能と判断できます

⑥妻が監護権を持ち子供を育てる。離婚後は持ち家で暮らす。住宅ローンは妻が負担する
⑦生命保険の保険料は年間12万円とする。保障内容は次の通り［定期保険＝1,490万円、3大疾病特約＝200万円、疾病障害保障定期特約＝200万円、介護保障特約＝600万円（17年度日本生命の保険料速見表より）］
⑧基本生活費、可処分所得には年0.1%の物価上昇率を採用
⑨児童扶養手当は東大阪市のものを適用
⑩教育費は小学校→私立、中学→私立、高校→私立、大学→国立文系にて算出

■母子家庭における収入とは？　養育費を払いすぎないための考え方3原則

１．手当の試算

父母の離婚などにより父または母の一方しか養育を受けられない一人親家庭などの児童に対し、地方自治体から支給される手当を「児童扶養手当」と言います。支給額は児童1人＝月額4万1880円、児童2人＝月額4万6880円、児童3人＝3人目から児童1人増すごとに3000円加算され、年3回（4・8・12月）に前月分までが支給されます。しかしこの手当は、養育費や親権者の年収、祖父母との同居の有無によって支給額が変動します。受給資格者の収入から給与所得控除等を控除し、養育費の8割相当額を加算した所得額として計算されます（「児童扶養手当改正について」厚生労働省より一部抜粋）。

２．就業の見込み

専業主婦の妻が子供を引き取る場合、離婚後にどれくらい収入を得られるのかを、保育所の空き状況を確認したり、実家の協力を取り付けられるか、ハローワークに行くなどして確かめます。

３．扶養の有無

子供を夫か妻のどちらの扶養に入れた方が「お得」なのかシミュレーションすることで、扶養に入れるメリット（扶養手当の支給、扶養控除の適用）とデメリット（子供の健康保険を負担）を比較して決めます。大半の場合、離婚前の子供は父親の扶養に入っています。離婚のタイミングで母親の扶養に移すかどうかを確認します。これらを勘案し、母親が正社員の場合は、扶養を移すことで母親側にメリット（扶養手当の支給、扶養控除の適用）があり、デメリット（子供の健康保険を負担）が少ないのならば移す価値はあります。母親が専業主婦もしくはパートの場合、扶養を移しても母親に扶養手当が支給されず、また扶養控除も適用されず、その上で子供の健康保険を負担するならば移す意味があまりありません。それならば、父親の扶養にして、会社に一部、子供の健康保険を負担してもらった方が得策です。これによって、父親が非親権者で子供と別居状態の場合でも扶養に入れることができます。

3人に1人は離婚する時代とはいえ、日本では今でも離婚に対する先入観は根深く、差別も多いようです。なぜなら、父親の8割は養育費を支払っていないため、あなたも「みんなと同じ」という見方をされるためです。妻を扶養から抜くなどの手続きで、離婚の事実は職場に知られてしまいます。しかし、離婚後も子供を扶養に入れておくことで「8割の父親」とは違う印象を与え、仕事上の離婚の悪影響を最小限にとどめることができるはずです。

■母子家庭における支出とは？　養育費をとられすぎないための考え方4原則

1．学歴と費用の関係

子供の希望する最終学歴に応じて教育費を変動させ、その実現可能性を探る必要があります。妻もしくは子供が望む最終学歴に応じてそれぞれパターン化し、離婚したら何が可能で、何が不可能なのか考えます。そのパターン化の結果を離婚前に知ることが大事になります。なぜなら子供に学力があり受験する意思もあり勉強を続けていても、親がその学費等を負担できない場合、子供の努力はすべてムダになってしまいます。一番多いケースは、後先を考えずに受験させ、合格した後に気づく場合です。その時点であなたに養育費の増額を求められても、離婚から時間が経過しているので、そのことに向き合おうとせず、また、すでに再婚したり収入が減ったりと、支払能力がないことがあります。その場合、せっかく合格したのに入学できないという結末が待っています。

このことは受験時ではなく、離婚時にすでに分かっている場合が多いはずです。キャッシュフロー表を作ると、例えば、大学進学前提の養育費は夫の年収の6割や8割になっています。経済的には「離婚して母子家庭になる」よりも「離婚せず結婚生活を続ける」方が余裕があります。もしかすると離婚しなければ、大学に行かせることができるかもしれません。だから、「子供のために今は離婚しない」という選択肢もあり、それを離婚前に気づくのは大きなことなのです。どの段階で気づいても奨学金をもらったり教育ローンを借りるなど、イレギュラーな対応をしなければ、子供が大学に入学することはできないかもしれません。離婚時であれば、受験勉強を始める前の段階で「うちはお金がない。大学に行きたいのなら、自分でお金を出さないといけない」と告げることができ、子供も承知の上で受験ができます。これはとても大きな違いです。もちろん、子供に「離婚したら大学には行けないけれど」とありのままを話し、子供が「このまま父親と一緒に暮らしたくないから、大学をあきらめる」と言い出すことも考えられます。大事なのは、あなたも子供も自分で考えて決断を下すこと。そうすれば後悔の念は小さいはずです。少なくとも選択肢が1つしかないところまで追いつめられてから、その選択肢を選ぶよりはマシです。

一方で、年収に占める養育費の割合が40％を超えても、「子供のため」にあなたがその金額を支払うケースもあります。キャッシュフロー表があれば、そのような「無理強い」が将来的に必要なのかどうか、離婚時に知ることができます。要は、夫婦双方が「離婚することで子供に迷惑をかけたくない」という意識を共有することであり、そのためには何ができるのかです。世の中には「離婚したら俺の子じゃない」「離婚したら1円も払わない」と言い出すケースもあるのだから、それよりはずっと、妻は恵まれているはずです。

2. 公立、私立

子供の進路にあわせ教育費をパターン化し、子供の学力と照らし合わせた上で受験の可否を判断します。キャッシュフロー表の学歴は「子供の希望」を採用するケースもありますが、一番分かりやすいのは「父親の学歴」にあわせることです。例えば、父親の最終学歴が国公立大学なら国公立大学を前提とした養育費にする。父親が私立高校に通っていたのなら、養育費には私立高校の学費を想定することは仕方のないことです。なぜなら、自分が私立高校に通っていたのに、公立高校並みの養育費しか支払わないのでは、妻が納得しないでしょう。

3．養育費一時金

入学や進学時にかかる費用（入学金・授業料・受験料・下宿代など）は、学資保険の祝い金や満期保険金の範囲内でおさまるかどうかを確認します。足りない場合、養育費一時金で充当するかを考えなければなりません。志望校が具体的に分かる場合は、平均値ではなくその学校の費用をベースに養育費を決めます。一番分かりやすいのは一貫校の場合で、エスカレーター式に大学まで進学するケースが多いのだから、実際にいくらかかるのかが漠然とではなく正確に分かります。施設使用料や寄付金、修学旅行代などの内訳も分かります。一貫校ではない場合も、志望校のそれぞれの学校を前提にキャッシュフロー表を作ります。そうすると離婚後、進学できる学校とできない学校が見えてきます。

4.特別出費

離婚時に予見できない医療費、習い事、留学資金などが発生した場合、どちらがいくら負担するか、その割合を決めておきます。予見できない費用は離婚時には対処しようがないので、それが現実的になったとき、再度、話し合うしかありません。大事なのは、報告は事後ではなく事前にする、というルールを決めておくこと。例えば留学の場合、事後に報告されても、あなたは「何の相談もなく決めたのだから勝手にしろ」と思い、お金を支払いたくはないでしょう。離婚した後、連絡をとるのは苦痛でも、それは「子供のため」にやってもらうしかないのです。

医療費には一人親医療費助成制度があり、原則として母子ともにゼロ負担です。ただし、所得制限があり、児童扶養手当の場合と同じです。手当が支給されない家庭は、医療費も免除されません。子供1人の場合、おおよそ年収230万円が基準となりますが、これは市町村によって変わります。免除の対象は保険対象の医療費です。保険とは健康保険のことで民間の医療保険ではありません。保険対象外の費用、例えば、歯の矯正費用などは実費がかかり、妻が正社員の場合は免除されず2～3割負担なのだから、これらを追加で請求される可能性はあります。

3.【離婚後の慰謝料請求】裏切り妻に一矢報いたい！　心を打ち砕かれた今、何ができる!?
弱男（40歳）VS「責任感ゼロ」強女（41歳）

〈設　定〉結婚14年目・離婚4ヵ月目
夫：田中大介（40歳・会社員）／元妻：田中智子（41歳・パートタイマー）
娘：田中陽菜（9歳）／不倫相手の男：松本浩（52歳）

■性格の不一致で離婚したのに……妻の不倫が発覚!?

今回は40代男性からの相談をご紹介します。この夫婦は結婚14年目で、妻（智子さん）が何の前触れもなく離婚を切り出してきたそうです。夫（大介さん）は妻を翻意させるべく説得を続けたのですが、智子さんの意思は固く、結局は大介さんが折れるという形で渋々、離婚に応じることになりました。しかし、離婚後に妻の不倫が発覚。妻は2年前からパートタイマーとして働きに出ていたのですが、どうやら職場の上司（松本浩氏）と付き合っていたようなのです。

大介さんは不倫の事実を知らずに離婚に同意したので、まんまと騙されてしまったのですが、この上司にはきちんと責任をとらせたいと思い、直談判に行ったのです。それなのに松本氏は「前々から夫婦関係は冷え切っていたはず。可哀想な彼女を救ってあげたんだ」などと開き直り、慰謝料を払おうとする気配など微塵《みじん》もなかったそう。大介さんは困り果ててしまい、まさに憔悴《しょうすい》しきった感じで私のところに相談に来たという経緯です。

■子供の反抗期、親の介護、住宅ローンの返済……40代妻のストレスと性欲の関係性

大介さん夫婦のように「40代妻の不倫」の相談は決して珍しくはなく、むしろ最近、他の年代（20代・30代・50代など）に比べ、増えているという印象です。だから、決して他人事ではないのですが、なぜ彼女たちは家庭があるのに禁断の愛に手を染めたのでしょうか？　40代は人生のなかで最も苦しい時期かもしれません。体力的にも金銭的にも我慢を強いられるも、逃げる場所などなく精神的に追い詰められ、最後は「一時の気の迷い」で不倫に走ってしまうのです。まるで救いを求めるかのように……。彼女たちに一体、何があったのでしょうか？

例えば、親が40代に差し掛かると子供は中学生や高校生という家庭が多いですが、塾や習い事、予備校や受験など出費がかさむ頃です。なけなしの貯金を切り崩して費用を捻出するのですが、せ

っかくの苦労が必ず報われるとは限りません。なぜなら、残念ながら子供は反抗期なので親子の間にまともな会話はなく、感謝されるどころか話しかけても無視されたり逃げられたり、挙げ句の果てには怒り出す始末です。長い子育てのなかで、一番しんどい瞬間です。また念願のマイホームを手に入れるのも、ちょうどこの頃です。例えば、2人目3人目の子供が産まれ手狭になったり、子供が「自分の部屋が欲しい」と言い出したり、業者の営業マンに「家賃と同じ金額で『一国一城の主』ですよ」と甘い言葉で勧誘されたり……。しかし、借家から持ち家に変わると、もう後戻りはできません。

そして、彼女たちをさらに追い込むのは「親の介護」です。夫婦が40代をむかえれば、その親は大抵70歳以上。年老いた両親の衣食住、そして体と心を支えるのは並大抵の苦労ではありません。自宅が二世帯住宅で夫の親と同居していれば、介護は不可避です。ただ、厄介なのは義理の父母より、むしろ実の父母です。手塩にかけて育てたせいか、余計に恩着せがましいのです。自分の年金で満足できなければ、お嫁に行った娘に対し「金の無心」をしてくるのです。「息子が受験を控えているから」「住宅ローンの支払いで精一杯」などと援助を断わろうものなら大変です。「誰が産んでやったと思っているの！　アンタなんか産むんじゃなかったわ」などと、2倍3倍にしてやり返してくるのです。結局、夫に内緒で自分のパート収入から、両親の口座に毎月せっせと振り込むのです。両親から「ありがとう」の一言もなく……。

このように「思春期の子供」「持ち家」「親の介護」という三重苦は、40代の既婚女性の人生に「縛り」をかけます。彼女たちは人生におけるストレスのピークをむかえていますが、その夫は「良き相談相手」になってくれているのでしょうか？　結婚5年から15年目をむかえて、今だに夫婦関係が良好ならいいのですが、多くの場合、夫はすでに「お金を運んできてくれる人」に成り下がっていて、そこに愛情はなく、気軽に相談できるような空気ではないはず。40代の妻には、家庭内に「逃げ場」はないのです。結局、心身ともに疲れ果て、我慢の限界を超えれば、家庭の「外」に救いを求めるのは必然。一方で家族は彼女に優しいでしょうか？　夫は？　子供は？　母親は？　そんな「優しくされ慣れていない人」が少しでも優しくされたら、どうなるか。優しくしてくれた相手が「夫以外の男性」であっても、気を許してしまう危険はかなりあるでしょう。いわゆる、「落ちやすい」シチュエーションなのです。

また今回の智子さんと松本氏のケースでは、同じ職場で知り合ったようです。不倫における出会いのきっかけは、同窓会、出会い系サイト、風俗など多岐に渡ります。なかでも圧倒的に多いのは「職場」です。このような職場不倫は単なる偶然ではなく、起こるべくして起こるのですが、同僚が不倫関係に発展しやすい理由は、「仲間意識」「差別化による優越感」「接触回数の多さ」の3つが考えられます。順番に見ていきましょう。

■なぜ上司が愚痴をこぼすと不倫が始まるのか?

「不倫は愚痴から始まる」。このフレーズを覚えておけば、職場不倫については8割方分かったようなものです。職場不倫において、「愚痴」はそれほど頻出キーワードなのです。これはどういうことでしょうか? もちろん、愚痴から即、不倫に発展するわけではなく、あくまで最初の接点です。「同じ目に遭っている」という「仲間意識」が「愚痴をこぼしやすい雰囲気」を作り上げます。理想と現実のギャップに悩まされ、過酷な仕事内容のため疲労困憊。それは上司、部下、同僚、後輩、みんな同じだから、彼、彼女らの間には妙な連帯感、一体感が芽生えます。それは智子さんと松本氏が働いている職場も例外ではなく、その環境が酷ければ酷いほどその絆はより一層、強固になり、どんどん「不倫しやすい環境」に近づいていきます。

では、誰に仕事の愚痴を聞いてもらいたいでしょうか? 社外の人間(配偶者や友人、親戚など)はしょせん部外者ですので、聞いてもらってもカラ返事がいいところです。理想の聞き役は、職場の人間です。理由は3つ。1つ目は、仲間意識があるため弱みをさらけ出しても大丈夫だから。2つ目は、仕事の中身を知っており「話が分かる人」のため「心に染みる合槌」を期待できるから。

3つ目は、「目の前にいる」からです。こう見ていくと、上司である松本氏が部下の智子さんに愚痴をこぼすのは当然のことです。

次に「差別化による優越感」です。前述のとおり、上司からすれば部下に声をかけるのは日常茶飯事ですが、逆に部下の目線からはどう映るでしょうか？　職場不倫の典型的なパターンは男性上司（既婚・年上）と女性部下（未婚・年下）です。松本氏と智子さんもこのパターンですが、上司と部下が不倫に発展する背景には「上下関係」と「ピラミッド型」があります。

上司と部下の間には当然、上下関係があり、部下にとって上司は「目上の存在」です。また、どんな組織でもピラミッド型になっており、「少数の上司と多数の部下」で構成されています。智子さん以外にも部下の女性はいるわけだから、松本氏が他の部下に愚痴をこぼしてもおかしくはありません。智子さんもそのことは承知しています。だから、智子さんは「目上の人が、わざわざ私に声をかけてくれるなんて」と優越感を持ち、松本氏に好意を抱くわけです。つまり、上司は「特別な存在」として差別化されており、そのことは不倫カップル成立への足掛かりとなるのです。

最後に「接触回数の多さ」です。これは職場外と職場内とを比較すれば明らかです。2人の職場が別々だと日程の調整が必要ですが、同じ職場ならそれは不要です。仕事中はずっと一緒にいるのだから。上司と部下の接触回数が多ければ多いほど、それに比例して、上司が愚痴をこぼす回数も増え、その分、部下が上司に好意を抱き、2人の距離が縮まっていく……。この「右肩上がりのグラフ」は不倫全般に適用できますが、職場不倫の場合、そのグラフの曲線はさらに上向きであり、2人の距離が縮まるスピードも速いのです。

■不倫の責任3点セットとは!?

私は男女間のトラブルについて過去10年で約1万件の相談を受け持ってきましたが、今までの相談のなかで圧倒的に多いのは不倫で、相談者の大半は不倫を「された側」です。ところで不倫の場合、「された側」が「した側」に対して請求できるのは3つです。具体的には謝罪と関係解消、そして慰謝料です。何を請求するのかは時と場合によって変わってきますが、今回の場合、請求のタイミングは離婚「後」なので、謝罪と関係解消については割愛し、慰謝料に焦点を絞って話を進めていきます。

ここでいう慰謝料とは、不倫のせいで夫婦が離婚に至った場合、不倫相手が家庭を壊したのだから、それをお金で弁償してもらうという意味です。ただし、当事者が本当に望んでいるのは慰謝料よりも原状回復（壊した家庭を元に戻すこと）です。壊したものを元通りに直さなければならないというルールは幼稚園児が幼稚園で習うことであり、本来、松本氏のせいで夫婦は離婚に至ったのだから、松本氏は夫婦が離婚する前、つまり、結婚している状態に戻すのがしかるべき責任の取り方です。しかし、離婚した夫婦が再度、婚姻（再婚）するには相手方（智子さん）の承諾が必要ですが、あくまで智子さん次第であり、松本氏が独断で決めることはできず、今回のケースでは智子さんの方から離婚を切り出したのだから、再婚の可能性は限りなくゼロです。だから、大介さんが百歩譲って、原状回復ではなく慰謝料で妥協すること、そして松本氏は自分が壊したものを元通りに戻すことすらできないことを自覚した上で慰謝料を支払うのはごくごく当然のことです。

ところで慰謝料の金額を決める基準のなかで、一番大きいのは「婚姻期間」です。今まで築いてきた夫婦関係を不倫のせいで壊されたわけですが、婚姻期間が長ければ長いほど、壊した対象の価値は大きく、そしてその責任は重くなるのは当然と言えば当然です。具体的な慰謝料の金額ですが、法務省が公表している司法統計（平成10年）によると、婚姻期間1年未満の場合、慰謝料の平均は約１４０万円、1年以上5年未満の場合は約１９９万円、5年以上10年未満の場合は約３０４万円、10年以上15年未満の場合は約４３８万円、15年以上20年未満の場合は約５３４万円という具合に婚姻期間と慰謝料の金額が比例していることが分かります（39頁参照）。

これは、あくまで夫婦が離婚する場合に発生する慰謝料であって、不倫相手へ請求する慰謝料の平均値ではありません（そのような統計は存在しません）。とはいえ、夫婦関係を壊したという意味では配偶者（智子さん）も不倫相手（松本氏）も同じなので、これを目安に話を進めてもおかしくはありません。

今回のケースでは大介さんが松本氏に対して、以下の内容を直談判したのです。「あなたのせいで14年間かけて築き上げてきた夫婦関係が無駄になり、5334日の間に費やした努力がすべて台無しになったのだから、しかるべき責任をとって300万円の慰謝料を払って欲しい」と。

それに対して松本氏はどのような返事をしてきたのでしょうか？　もし、松本氏が「はい、分かりました」と二つ返事をして、指定の口座に300万円をすんなりと振り込んできたのなら、私がこれ以上、大介さんのケースで何もアドバイスをする必要はありません。松本氏が何も反論せず、一切抵抗せず平謝りしてくれれば良いのですが、実際のところ、300万円という大金がかかっているので、そんなに甘くはありません。

■間男の言い訳という「二次被害」を防ぐために

以下で紹介するとおり、松本氏は3つの言い訳をしてきました。大介さんは予想外の返事に頭を抱えてしまい、私のところに相談に来たのです。なぜ、松本氏は智子さんに夫（大介さん）がいることを知りながら恋愛関係に発展し、大介さんの家庭を壊しておきながら、慰謝料の支払いを拒んだのでしょうか？　松本氏は当時、大学生の息子を抱え、住宅ローンを抱え、年老いた母親を抱えていたようです。

誰だって、お金は大事で大好きで貴重です。ですから、何とか慰謝料を払わずに済ませたい、どうしても支払わなければならないのなら、なるべく金額を減らしたい、時期を先送りにしたい。責任を転嫁したり、悪事を正当化したり、無理難題を押し付けたりして、大介さんを丸め込んででもです。それもそのはず。赤の他人に慰謝料を払うぐらいなら、そのお金を息子の学費、住宅ローンの繰上げ返済、介護施設入居のための頭金に回したいというのが本音です。

よく考えてみてください。松本氏はまさか大介さんが本当に慰謝料を請求してくると思って待ち構えていたのでしょうか？　実際にはかなり驚いているので、きっと危機感や切迫感などこれっぽっちもなく、心の底から不倫に興じていたのでしょう。しかし、悪人が突然、悪事を指摘されたときの反応というのは決まりきっています。素直に反省し、心から謝罪し、きちんと責任をとるなんて夢のまた夢。実際には真逆の反応。逆上し、開き直り、責任逃れに走るのです。それは、まさに松本氏が大介さんに向かってやったことと同じです。

もちろん、松本氏の魂胆に肩入れする気は毛頭ありませんが、相手の事情や心理状況も踏まえた上で作戦を練らなければなりません。大介さんのように労せず当然のように慰謝料をもらえるものだと楽観視するのはあまりに危険すぎます。結局、松本氏がその時の気分でその場しのぎで苦し紛れに口にした言い訳の一つひとつに対して、根拠や裏づけ、理由を付与した上で反論し、言い負かさなければならなくなったのですが、どのように解決したのでしょうか？　具体的に見ていきます。

■「夫婦関係の破綻」の有無は誰が決めるのか

まず1つ目は「夫婦関係の破綻の有無」です。大介さんが松本氏に対して「しかるべき責任をとって300万円の慰謝料を払って欲しい」と直談判したのですが、あろうことか松本氏はこんな風に見苦しい言い訳を返してきたのです。

「僕が彼女（智子さん）に会う前に、あなた達夫婦はすでに終わっていたはずだし、彼女からもそう聞いていたよ。きっと僕がいなくても、遅かれ早かれ離婚していたに違いないだろう。それなのに、まるで僕のせいで離婚したかのように決めつけるのはやめてくれ。どう考えても、僕のせいではないだろう。いずれにしても、すでに夫婦関係が破綻しているのだから、彼女がどこで何をしようと自由だし、僕と付き合っても不倫ではないでしょ！」

松本氏は完全に開き直って不倫を正当化してきたわけですが、大介さんは松本氏の身勝手な言い分をやり込めることができたのでしょうか？　いいえ、大介さんにも思い当たる節があり、痛いところを突かれたようです。

確かに仕事は残業続きで日付をまたいで帰宅することも多く、最近は妻そして娘と一緒に食事をとる機会もめっきりと減り、きちんと向かい合って話をしたり、愚痴や不満を聞いてあげたり、また感謝の気持ちを伝える機会もなく、そして夫婦間の性生活も1年近く遠ざかっていました。それは、まるで松本氏にすべてを見透かされているようでした。大介さんは言い返すどころか、思わず口ごもって何も言えなくなってしまったそうです。

しかし、加害者である松本氏の言い分を被害者である大介さんが鵜呑みにして良いのでしょうか？　仮に松本氏の言うように大介さん夫婦の関係が完全に壊れており、いつ離婚してもおかしくない状況だとしたら、2人がまだ戸籍上の夫婦で籍が入っているとしても、すでに夫婦の体を成しておらず仮面夫婦と化しているのなら、智子さんが外で何をしていようと大介さんが口出しするのは、常識的に見ればやや無理があるという見方もできるでしょう。だから、松本氏の言うように「夫婦関係が破綻した後の交際は不倫ではない」という理屈がまかり通り、それを理由に慰謝料の支払いを拒むことは可能かもしれません。

しかし、実際のところ、大介さん夫婦は本当に破綻していたのでしょうか？　そんなことはありません。なぜなら、破綻の有無を決めるのは松本氏の個人的な意見ではなく、裁判所の公式的な見解だからです。過去の裁判例（判例）によると、婚姻関係が破綻していると判断するには、少なくとも夫婦が6年以上別居していることが大前提で、さらに個別の事情を勘案した上で結論を出しているのです（他の事情は割愛します）。ところで今回の場合、大介さん夫婦は結婚から離婚までの間ずっと同居しており、そもそも別居したことすらないそうです。ですから、裁判所の基準に当てはめると、別居0日なのだから大介さん夫婦は破綻していないので、松本氏との関係が不倫であり慰謝料は発生する、というのが正しいです。

（長期別居の末、離婚する場合を除き）大事なことは相手の土俵（不倫当事者の目線で破綻の有無を判断）に上り込むのではなく、相手を自分の土俵（裁判所の基準で破綻の有無を判断）に引きずり込むことです。互いが互いの土俵で、松本氏は「破綻している」、大介さんは「破綻していない」と言い続けてもキリがありません。不倫の加害者と被害者は根本的に違うタイプの人間なのだから、どれだけ押し問答を続けても結論が出るはずもなく、話合いは迷路に入り込んでしまいます。結局、松本氏はできるだけ慰謝料の支払いを先延ばしにしたいから、この件が長期化するのは望むところなので、大介さんがいくら正論を言おうと難癖をつけてくるに決まっています。

日本という国は法治国家です。大介さんはもちろん、松本氏も日本に住んでいるのだから、当然すべての法律を守らなければならず、それは破綻の有無という裁判所の基準も例外ではありません。

最初のうちは、松本氏が裁判所の公式的な見解より自分の個人的な意見を優先しようとしても、どうせ途中で観念するので心配しないでください。

とはいえ、松本氏のように不倫相手は配偶者（智子さん）から家庭の愚痴や不満、悪口を吹き込まれているので、自分と妻しか知らないような事実を次々と暴露してくるので、カチンときて反射的に言い返してしまいがちです。妻への未練（まだ愛している。ちょっとした冷却期間なんだ。心の奥底にはまだ気持ちが残っている）をタラタラとこぼすのは、まさに相手の土俵に上がることと同じなのです。

どうせ揚げ足を取られてしまうのがオチなので、夫婦関係の破綻に限っては相手の言い訳を真正面から受け止めます。逐一吟味した上で反論するのではなく、まともには聞かず、初めからガツンと全否定して裁判所の基準でモノを言えば、こちらの土俵に引きずり込めることができ、事の真偽を明らかにすれば相手を手っ取り早く黙らせることができるのです。

■間男へ慰謝料を請求するには「妻の承諾」が必要!?

2つ目は「連帯責任」です。松本氏は大介さんに対して、自分が置かれた立場をわきまえず、こんな風に逆ギレをしてきたそうです。

「最初に彼女を誘ったのは僕の方だが、夫や子供がいるのにホイホイとついてくる彼女も彼女だ。僕は決して無理強いをしたわけではない。彼女は自分の意思でついてきたんだから、むしろ悪いのは彼女の方だろう。慰謝料は彼女から取り立てたらどうなんだ？　すでに離婚のことは彼女から聞いたが、彼女は『ダンナはどうせ何もできやしないから大丈夫。あなたには迷惑をかけないから心配しないでね』と言っていたぞ。これはどういうことなんだ！　僕より前に彼女に当たるべきなんじゃないか？」

確かに、大介さんにとって「（元）妻の存在」は泣き所でした。なぜなら、前もって智子さんに対して「男（松本氏）に慰謝料を請求するからな」と伝えておけば良かったのですが、実際には智子さんに何の相談もせず、いきなり松本氏に直談判してしまったのだから。とはいえ、大介さんの手順があながち間違っているわけではありません。というのも、事前に智子さんにこの件を話せば、智子さんは間違いなく「やめて欲しい」と反対するに決まっているからです。これでは加害者の1人である妻の承諾がないと、もう1人の加害者である男（松本氏）に慰謝料を請求できないというアベコベな展開になりかねません。また、そもそも智子さんの承諾を得られる保証はないのだから、大介さんは（元）妻のせいで慰謝料の請求を断念せざるを得なくなってしまいます。

これは慰謝料を請求した後も同じことです。もし、松本氏の言うとおり、大介さんが智子さんに対して「男はこんなことを言っているけれど、本当はどうなんだ」と問いただすことができれば何の問題もないのですが、智子さんがきっと激怒するでしょうし、そのせいで智子さんが娘さん（夫婦間の子供）に対して大介さんの悪口を吹き込み、父娘の関係に悪影響が及ぶようなことがあれば踏んだり蹴ったりです。

このように大介さんは松本氏から思いがけない反論を食らったせいでホトホト弱ってしまい、何も言い返せなかったようです。大介さんはまるで（元）妻を人質にとられたような形ですが、何か打つ手はあるのでしょうか？　松本氏は「なぜ自分だけ？」などと、なぜか被害妄想に走るような女々しい輩ですが、どうやって打ち負かせば良いのでしょうか？

まず智子さんの責任の取り方ですが、大介さんいわく、離婚の話を進めるなかで智子さんは「私のわがままで離婚するんだから」という感じで、慰謝料の話を自ら切り出してきたそうです。具体的には毎月1万円×11年間（子供が成人するまで）＝132万円という条件ですが、智子さんはパートタイマーで年収は100万円前後。しかも、離婚後は母子家庭になり、1人で娘さんを育てていかなければなりません。毎月1万円では大介さんのこずかいの足しにしかなりませんが、智子さんにとっては最大限の誠意だと言えるでしょう。結局、大介さんは素直にその条件を受け入れたのですが、それは当時まだ不倫相手の存在を認識しておらず、慰謝料の中身に「不倫の分」が含まれているとは知らなかったからです。

ところで、智子さんが2人分（智子さん＋松本氏）の慰謝料を大介さんに支払ったとしたら、この件はどうなるのでしょうか？　確かに大介さんが松本氏に対して追加で慰謝料を請求することは難しくなりますが、本当に智子さんは2人分の慰謝料を立て替えたと言えるのでしょうか？　前述のとおり、結婚10～15年の夫婦が離婚する場合、法務省の司法統計によると慰謝料は４３２万円が妥当な金額です。

一方で、智子さんが離婚時に約束したのはわずか１３２万円です。ですから智子さんは自分の分としても不十分な金額しか支払っておらず（ただし、夫婦間でこれ以上の金額を請求しないことを約束しています）、もちろん、松本氏の分を立て替えたことにはならないのです。しかも、まだ離婚４ヵ月目なので智子さんはまだ４万円（毎月１万円×４回）しか支払っておらず、残りの１２８万円を本当に回収できるかどうか定かではありません。

そして仮に智子さんが松本氏に対して、うちうちで「心配しないで。何かあっても私が2人分を払うから」という約束を交わしていたとしても、実際のところ、年収１００万円前後の智子さんが松本氏の慰謝料を立て替えて、大介さんへ支払うことは現実的に難しいでしょう。もちろん、智子さんには慰謝料を一括で支払うほどの財産は持ち合わせていません。

このように両者の間でいくら「立て替える」という約束をしていても、実際に立て替えることができなければ、それを理由に慰謝料の請求を拒むことができないのだと大介さんが松本氏に伝えることで、ようやく（元）妻は人質から解放され、（元）妻に知られることなく、慰謝料の請求を続行できるようになったのです。

■「人妻だと知らなかった」という真っ赤な嘘を暴くための下調べ

３つ目は「既婚の認識」です。松本氏は大介さんに向かって、自分の悪事を棚に上げて、こんな風に誤魔化してきたそうです。

「彼女に家庭があるなんて知らなかったんだ。知っていたら、もっと早く手を引いていたよ。彼女も何も言っていなかったし、気がつかなくても無理はないだろう。だから、慰謝料だけは勘弁して欲しいんだ」

しかし、松本氏は智子さんの職場の上司なのだから、智子さんが既婚者だと知らないわけがなく、苦し紛れもいいところです。とはいえ、松本氏がどのタイミングで家族の存在を知ったのか、大介さんは正確に把握していたわけではありませんでした。そのため、少しでも曖昧な言い方をすれば、松本氏に付け込まれるのではないかと心配し、思わず言葉に詰まってしまい、言い返すことができなかったようなのです。

　ところで結婚期間中、智子さんは自宅のパソコンにスマートフォンのデータのバックアップをとっており、そのなかにはＬＩＮＥのメッセージの一部が含まれていました。そのパソコンは離婚後、大介さんが譲り受けたのですが、大介さんは松本氏への直談判から自宅へ戻ると、すぐにパソコンを開きました。なぜなら大介さんは智子さんのパスワードを知っており、智子さんと松本氏のＬＩＮＥでのやり取りを見れば、「どのタイミングで既婚だと知ったのか」は一目瞭然だったからです。

　例えば、智子さんは松本氏に対して「これから子供のサッカー大会に行ってきます」とＬＩＮＥで送り、それを受けて松本氏は智子さんに対し「はい！　お子様の奮闘を期待していますね」と返事をしていました。他にも「今日は子供の予防接種に行ってきます」という智子さんのＬＩＮＥに対し、松本氏は「そうなんですね。確かうちの息子も……」と返事をし、「今、息子の付き添いで病院に来ています」に対し、「大丈夫ですか。お大事に」と返事をしていたことが分かったのです。

　案の定、松本氏は家族の存在に気づいていたのです。ＬＩＮＥの履歴を遡《さかのぼ》ると、家族の話が最初に出てくるのは離婚から９ヵ月前でした。もちろん、本当はもっと前に気づいていたでしょうし、もしかすると智子さんが今の職場に配属された（離婚する）２年前から既婚だと認識していたかもしれません。他にも結婚指輪の有無やスマートフォンの待ち受け画面（子供の顔）などヒントは多数あったはずで、もしかすると智子さんは大介さんの愚痴や不満、悪口を松本氏にこぼしていたかもしれません。

ただ、松本氏が家族の存在を知ったのが最初であれ途中であれ、大介さんにとって大差ありません。なぜなら、松本氏には「途中でやめる」という選択肢が常に用意されていたからです。不倫とはいえ恋愛の一種ですから、関係を続けるには互いの同意が必要で、同意がないのに関係を続けようとすれば、それはストーカーも同然です。ですから、松本氏が自ら別れを切り出せば、そこで不倫は終了していたはずです。それなのに結局、夫婦が離婚に至るまで不倫を続けたのだから、最初ではなく途中で智子さんが既婚だと認識したからといっても、松本氏に言い逃れの余地はないのです。そして再度、大介さんは松本氏に対し、今度はＬＩＮＥの履歴を突きつけた上で問いただしたところ、松本氏はぐうの音も出ず、ただただ平謝りをするしかなかったのです。

松本氏の無神経な言い訳に対し、大介さんは数々の手法を駆使して言い負かしたのですが、最終的には慰謝料の支払条件として毎月3万円、ボーナス月（6・12月）にそれぞれ30万円を3年にわたって支払いという条件で折り合い、合計２５８万円なので大介さんの希望額（３００万円）には少し足りませんが、大介さんもある程度は納得のいく形で解決するに至ったのです。

世の中に存在するどんな問題でもそうですが、加害者の一挙手一投足が被害者の心を苦しめるのは当然のことです。だから被害者は、加害者の顔を見たくもないし声も聞きたくありません。加害者の存在自体が苦痛以外の何者でもないのです。それは不倫の場合も同じです。今回のケースでは大介さんが被害者で松本氏が加害者ですが、松本氏が何を言おうとその一語一句は大介さんを傷つけます。したがって、松本氏が「慰謝料を払えない、払いたくない」と口走る「前」に何も言わせないよう先回りして対処をするか、口走った「後」に後手に回って対処するかは大違いなのです。

後手の場合、大介さんは松本氏とやり取りをせざるを得ません。被害者である大介さんの負担を最小限に、やり取りの回数を最低限にとどめ、最短で解決できるよう今回紹介したような方法で対処します。ただ、どんなに工夫をしても後手の対処では被害者が無傷で済むわけではありません。

しかし、今回の解決法を前もって知っていれば、不倫の加害者がどんな言い訳をしてくるのか、先んじて予測することができるので、事前に対処することが可能なのです。具体的には「〇〇と言うかもしれないが、それは〇〇だから通用しない」という具合で相手方に伝えます。慰謝料を請求する初動段階で行うことで、相手方に反論の余地を与えず言い訳をさせません。そのため、余計に被害者が傷つくことを防ぐことができるのです。このように慰謝料を請求する場合、ダラダラと押し問答を続けるのではなく、最初の一発できちんと解決するのが最も賢いやり方なのです。

第3章

再婚　～強女の嘘を見抜き、秘密を暴き、白黒つける再戦勝利の方程式～

1．【再婚後の養育費】不倫した妻に子供を奪われ、養育費だけを払い続けた男の悲哀

弱男（42歳）vs「虚言癖」強女（43歳）

〈登場人物〉
夫：大野和彦（42歳・会社員・年収700万円）／前妻：本村千恵（43歳・専業主婦）
前妻の再婚相手：本村隆（39歳・会社員・年収600万円
前妻の子：本村陸斗（16歳・和彦さんと千恵さんの長男）・本村莉子（13歳・和彦さんと千恵さんの長女）

■前妻、現夫、前夫……養育費における三者三様の思惑とは!?

昨今、大きな注目を集めた芸能ネタといえば、タレントの紗栄子さんと会社経営者・前澤友作氏（大手ファッション通販サイト「ＺＯＺＯＴＯＷＮ」などの運営会社スタートトゥデイ創業者）の交際報道（２０１７年８月破局報道）でしょうか。ご存知の通り、紗栄子さんの前夫はメジャーリーガーのダルビッシュ有投手で、年俸は約12億円ともいわれています。一方で、前澤氏の資産は

2000億円と報じられており、高給取りから高給取りへと乗り換えていく紗栄子さんの魔性ぶりが世間から嫉妬の的となっていました。

気になるのはそれだけではありません。紗栄子さんにはダルビッシュさんとの間に2人の子供がいるのですが、もし前澤氏と再婚したら、子供たちはどうなるのでしょうか？　もちろん、ダルビッシュさんの年俸を考えれば、子供の養育費など微々たるものでしょう。前澤氏の資産と比較しても、子供の扶養費などはした金に過ぎないでしょう。しかし、お金の話を一笑に付すことができるのは、彼らがたまたま億万長者だからであって、私たち小市民が同じシチュエーションに置かれた場合、お金の話をせずに済まされるでしょうか？

前妻の再婚――。事実はたった1つですが、誰の目線で見るのかで物事は180度変わってくるのだから不思議なものです。例えば、心のうちは三者三様のようで……。

前　　妻：前夫からの養育費で子供の費用をまかなえば、現夫のお金は全部、私の自由だわ

再婚相手：オレの子じゃないからな。連れ子の金は前夫からの養育費で何とかしろよ

前　　夫：アイツが新しいパパなんだから僕はもうお役御免だよ。来月から養育費とめるから

今回は、ダルビッシュさん（前夫）の目線に絞って話を進めます。前妻が再婚したら、今まで支払っていた養育費はどうなるのか？　相談者の実例を元に解説してきましょう。

■離婚したら、前夫は「人間ATM」扱いって!?

きっかけは、一本の電話でした。

「せっかく離婚できたのに、これじゃあ、まるで生き地獄ですよ！」

今回紹介する相談者は大野和彦さん（42歳）。食品商社の営業マンで年収は700万円くらい。言ってみれば、どこにでもいる普通のサラリーマンです。和彦さんの顔はまさに「鬼の形相」で、烈火のごとく私に迫ってきました。顔の表面には脂汗がにじみ出て、両目の下には大きなクマができており、尋常ではない顔つきでした。

「今の私には将来を考えて真面目に付き合っている人もいるんですが、このままじゃ再婚どころじゃないですよ。子供を作ろうなんて夢のまた夢。働いても働いても前妻に仕送りするばかりで、貯金なんてろくにできやしない。何のために働いているのか……。バカバカしいですよ！」

和彦さんは8年前に妻（千恵さん）と離婚したのですが、和彦さんと千恵さんの間には長男（陸斗くん・当時8歳）と、長女（莉子ちゃん・当時5歳）がいました。話合いの末、陸斗くんと莉子ちゃんの親権はどちらも千恵さんが持つことに決まり、その代わりに和彦さんは千恵さんに対し、陸斗くんと莉子ちゃんの養育費として、子1人あたり毎月8万円を支払うという約束をしたようです。毎月の手取りがわずか30万円の和彦さんにとって、養育費がその半分以上を占めるのだから、財布がスッカラカンなのも無理はありません。

■なぜ前妻は「パパは死んじゃったの」と吹き込むのか

ここまで和彦さんの話を聞いてみて、私にはどうしても気になることがありました。それは子供との面会です。和彦さんは身銭を切って欠かさず援助を続けているのだから、何かしら見返りがなければやっていられないでしょう。せめて子供の顔を見て安心したり、手を握って成長の跡を感じたり、相談にのって励ましてあげたりすることができれば、お金以外の面で「自分が息子と娘の父親であること」を実感でき、ここまで前妻に対して敵意をむき出しにすることもなかったのかもしれません。しかし、実際のところはどうだったのでしょうか？　私がそのことを聞くやいなや、和彦さんの声のボリュームはいきなり5倍に跳ね上がったのです。

「大体、養育費をちゃんと払ったって息子や娘に会えやしないじゃないですか？」

和彦さんいわく、「息子には電話もするな、メールもするな、手紙を送るな。そして、誕生日やクリスマスにプレゼントを郵送してくるな」と、前妻は言いたい放題だったそうです。

「息子には『パパは死んじゃったの』、娘には『パパはお星様になったの』って、噂じゃあそんなようなことを子供たちに吹き込んでいるらしいですよ！　もう踏んだり蹴ったりです。これじゃあ本当に『ムダ金』ですよ。僕の財布はアイツの打出の小槌じゃないんですよ！　僕のことを銀行のATMか何かと勘違いしてるんじゃないか！」

しかし、和彦さんが抱えている問題はそれだけではありませんでした。和彦さんはどうしても許せない「あること」があるようです。それは一体、何なのでしょうか？

■「不倫相手と再婚」というタブーを破る悪女たち

「どうやら前妻が再婚したらしいのです。まぁ～アイツが誰と再婚しようが知ったこっちゃないんですが、頭にくるのは再婚相手が本村隆らしいってことです。本村は僕の取引先の人間で、十年来、家族ぐるみで付き合っていました。僕の知らないところでコソコソと！　結局、本村に自分の妻を寝取られ、子供を奪われた挙げ句、何も知らずに養育費を送り続けていたなんて……」

前妻は7年前（離婚の1年後）に再婚したようですが、和彦さんは7年間、何も知らされていませんでした。おそらく、「いずれ別の男と再婚する」のは離婚前から決まっていたのでしょう。子連れのシングルマザーがわずか交際1年で再婚に踏み切るのは早すぎるので、きっと離婚前から付き合っていたはずです。それなのに前妻は、離婚時に再婚しない前提で割高な養育費を設定し、再婚の事実をひた隠しにすることで、和彦さんから養育費をもらい続けてきたのです。

これが相談に来た経緯ですが、和彦さんは前妻の再婚という現実を目の当たりにして、今後のことをどのように考えているのでしょうか?

「息子や娘には悪いですが、こんなんじゃ養育費は1円たりとも払いたくないですね。本村の収入があれば十分でしょう。何に使われているか分からないのに、ありったけの金を振り込むのはバカげた話ですよ。でも、今さら前妻と話なんてしたくないし、(離婚)調停のときに裁判所で決めた金額だから、どうしようもないでしょう。これから先、僕はどうやって生きていったら……」

■再婚したことを隠し続ける前妻の嘘を見破る方法

「再婚のバレやすさ」という点では、芸能人と一般人は大違いです。例えば、紗栄子さんのような芸能人は、常に衆人環視の状態です。再婚するや否や、間髪を入れずにマスコミが騒ぎ立て、大きく報じられ、そして赤の他人から他人へとネット上で流布されるでしょう。前夫であるダルビッシュさんに再婚を隠し通すなんて不可能ですし、「即バレ」するに違いありません。では、一般人はどうでしょうか?

和彦さんのように、離婚時に再婚しない前提で割高な養育費を設定し、再婚の事実をひた隠しにすることで前妻が前夫から割高な養育費をもらい続けるケースは決して珍しくないと言ったら、あなたはきっと首をかしげるでしょう。

「そんなに大事なことなのに、どうしてすぐに報告してこないの?」と。それもそのはず。確かに再婚の有無は「前夫が払っている養育費」に影響するのだから、前妻はむしろ積極的に報告すべきでしょう。しかし残念ながら、自ら進んで再婚の事実を報告するような前妻はほとんどいないのが現実です。なぜでしょうか?

「再婚したのに、養育費をそのままもらうのはマズい。でも……」

さすがに、前妻も「再婚の事実を知られれば養育費を減らされること」くらいは承知の上です。だからこそ、前夫に対して「知らぬ存ぜぬ」を貫こうとするのです。前妻は多少なりとも罪悪感や劣等感を持ち合わせていますが、同時に確信犯でもあるのです。再婚の事実を隠すことで今までの養育費をこれからももらうことができるのなら、そちらを選ぶのは自明の理です。「前夫が余計な詮索をしてこないように、そして何事もなく最後の日をむかえられるように……」。とにかく、秘密が秘密のまま終わることを願うのですが、本当にそれで良いのでしょうか?

ここでは、前妻が再婚しているかどうかを確かめる方法を紹介しましょう。もちろん、「前妻に知られずに」です。まずは、子供の戸籍謄本を手に入れるのが先決です。ほとんどの場合、再婚相手と連れ子(前夫との子)は再婚と同時に養子縁組を行います。もし養子縁組をしていれば、子供の戸籍の「養親」欄に再婚相手の名前が書かれているので一目瞭然です。

では、子供の戸籍謄本はどのように手に入れれば良いでしょうか？　戸籍謄本を発行するのは本籍地の役所ですが、今回のように前妻が結婚・離婚・再婚と戸籍を転々としているケースでは、今現在の本籍地がどこなのかを探し当てるのはそう簡単ではありません。このような場合、結婚・離婚・再婚の各場面で、本籍地がどのように移っていったのかを調べていくことが大事です。まず彼と彼女が結婚すると、ほとんどの場合は彼女が彼の戸籍に入るので、彼女の本籍地は「彼の本籍地」になります。そして夫と妻が離婚すると、妻が夫の戸籍から抜けて新しい戸籍を作るか、結婚前の戸籍に戻ります。いずれにしても、離婚後の本籍地をどこに定めるのかを「離婚届に記入する」ので、前妻の本籍地を知ることはできるでしょう。そして、前妻が再婚すると今度は再婚相手の戸籍に入ります。今回の目的は再婚の有無を知ることですが、ここでは除籍謄本を取得することが大事です。

除籍謄本とは、すでに抹消された戸籍が記載されている公的な書類です。前妻が離婚してから再婚するまでの間の除籍謄本を用意しましょう。除籍謄本には「戸籍が抹消された後、次はどこの戸籍に移動したのか、移動先の本籍地と抹消の理由」が書かれています。抹消の理由が「再婚」なら、ようやくその事実を突き止めることができます。基本的に母（前妻）と子は一緒に戸籍を移動するので、前妻ではなく子の除籍謄本でも代用することができ、むしろその方がスムーズです。なぜなら、前夫が前妻の公的書類を申請するより、父が子の公的書類を申請した方が役所は発行してくれやすいからです。離婚したら夫婦は赤の他人ですが、親子は親子のままです。さて、和彦さんの話に戻りましょう。

■再婚トラブルを解決するための6つのポイント

「アイツ騙すの、チョ～簡単だわ（笑）」

前述のように、「離婚から1年で別の男と再婚する」のは離婚前から決まっていたはずなのに、離婚時に再婚しない前提で割高な養育費を設定され、再婚の事実をひた隠しにされ、何も知らない和彦さんはまんまと前妻の計画に引っかかってしまったのです。養育費を1度も遅れることなく支払ってきたのですが、ようやく「すべて計算済み」だったことを知ることとなったのです。そして今回の件に白黒をつけるべく、前妻へ直談判をしに行ったのですが、話は遅々として進まなかったのです。なぜでしょうか?

前妻はこの成功体験に味をしめており、和彦さんのことを自分より格下の人間だと軽視していたのでしょう。今回もわがまま放題を言い続け、意味不明な持論を展開しては過激なヒステリー衝動を起こし続けたのです。そうすれば、養育費を減額せずにやり過ごせるだろう。どうせ途中で和彦さんがあきらめるだろうから、自分の思い通りになるだろうという魂胆が見え見えでした。では、前妻は具体的にどんな反応をしたのでしょうか？　再婚トラブルを解決するためのポイントは6つ（法律の根拠・タラレバ論の排除・面会の放棄・過去の養育費の放棄・慰謝料の放棄・長期化リスクの顕在化）あります。順番に見ていきましょう。

■「再婚しても養育費を満額払え」は法律的にどうなのか

「騙された！　アンタが養育費をちゃんと払うって言うから、渋々、離婚届に判を押したのに。途中で減らされるって分かっていたら、離婚してあげなかったんだからね！　もう、どうしてくれるのよ‼」

「養育費は妻の言い値を約束するから、その代わりに離婚して欲しい」。和彦さんが離婚を渋る前妻を説得すべく、話合いの最中にそんな軽口を叩いたかどうかは、今となっては定かではありません。今さら、「言った、言わない」をめぐって押し問答をしても、ますます出口は見えなくなります。

そもそも離婚するときに、どんな経緯でどんな約束を交わそうと、法律上、養育費は事情変更（離婚時と比べ、経済状況や家族構成等が変わった場合）による見直しが認められているのです（民法880条）。裏を返せば、離婚時にどのような養育費の金額や期間を約束しても、約束した金額を約束した期間の最終回までもらい続けることが保証されているわけではないのです。前妻の個人的な意見と法律の公式的な見解、どちらが優先するのかは言わずもがなですが、それでも前妻はまだ食い下がってきたようで……。

「もし再婚や養子縁組の事実を知られなければ、来月以降も養育費を満額もらえたはず。それなら彼とは離婚するし、陸斗や莉子とは離縁させるわ！」

前妻は、今さらタラレバ論に話をすり替えようとしてきたそうです。確かにどこの誰と再婚するか、養子縁組するか、そして父親の役割を任せるのかは個人の自由であり、前もって和彦さんの承諾を得る必要はありません。その逆も然りです。しかし、いくら何でもやりすぎでしょう。

とはいえ、今さら再婚相手と離婚すればますます戸籍は汚れ、まして2回目も離婚したら世間体が悪すぎます。また離縁すると子供たちは住み慣れた家、使い慣れた部屋、そして通い慣れた学校を変えざるを得なくなる可能性があります。そもそも「前夫からの養育費を減らされたくない」という理由だけで、戸籍をコロコロと変えるのは現実的ではありません。このように後ろ向きな話をしても仕方がないので、感情論は抜きにして、あくまで今現在の経済状況や家族構成だけに焦点を当てることが大事です。和彦さんは「前向きな話をするしかないでしょう」と訴えかけたのです。

■「養育費の免責」と「面会の放棄」を取引するテクニック

「ここまで薄情な奴だとは思わなかったわ。だったら、もう陸斗や莉子には会わせないからね!!」

前妻はそう逆上してきたそうですが、まるで子供を人質にとるような振る舞いに、和彦さんは怒りのあまり手の震えが止まらなかったそうです。陸斗君や莉子さんにとって、和彦さんは血縁上唯一の父親であり、同じように和彦さんにとって、2人は唯一の子供であるのは確かです。もちろん、法律的にも面接交渉権（子供に会う権利）が認められており、和彦さんは今でも会いたいと思っていたそうです。子供の成長に興味や関心を持つのは自然なことで、淡々と養育費を払うだけでなく、何らかの見返り（面会）を欲するのは当然といえば当然でしょう。

しかし、前妻の話を聞けば聞くほど、和彦さんは自分の存在が「子供にとってどの程度のものなのか」を考えざるを得ませんでした。それもそのはずです。和彦さんは離婚から8年間も子供と直接会っておらず、お金以外の面では父親としての役割を果たせずにいたのです。しかも、当の子供は再婚相手のことを「パパ」と呼ぶよう躾《しつ》けられてきたせいか、また家のなかで自分の居場所を確保するのに必死だったのか、再婚相手に懐《なつ》いているように思えたそうです。そんななか、8年ぶりに和彦さんが子供の前に姿を現したらどうなるでしょうか？　母親や「パパ」の視線を感じると素直に気持ちを表せないという複雑な立場に置かれ、正直に喜んでいいものか混乱させてしまうように違いありません。一方で、和彦さんも今現在は仕方がないけれど、将来的には子供の成人式や入社式、結婚式には参加してみたいという希望を捨てきれずにいました。

そして、和彦さんが出した結論です。前妻が今回の養育費を免除してくれれば、和彦さんは面接交渉権を放棄しても良いと提案したのです。これは「今後一切、子供に対して接点を持たない」という意味で、今だけでなく先々もずっとです。和彦さんは後日、こう振り返ってくれました。

「薄情な奴だと思われても仕方がないです。どんな批判も覚悟の上で、養育費の免除を優先したかったのだから……」

■養子縁組しても養育費「養親＜実親」は通用するか

「再婚しようと養子にしようと、養育費は今までどおり支払うべきでしょ！」

あの手この手で前妻を説得できそうな手ごたえを掴みかけた矢先、前妻はこんな風にちゃぶ台返しをしてきたそうです。暴論を平気で口にするような人間だと分かっていながら、さすがに和彦さんもショックを受けた様子でした。確かにモンスター女ですが、とはいえ「実の子の母」です。和彦さんはなるべく穏便に済ませられるよう、強い物言いをせず気を遣ってきたのですが、ここに至ってはもはや手加減をする必要はなく、容赦をすることもないでしょう。和彦さんも、前妻に負けず劣らず強い態度に出ることにしたそうです。

ところで、過去の判例（神戸家裁姫路支部審判「平成12年9月4日」、仙台高裁「昭和37年6月15日」など多数）によると、子が再婚相手と養子縁組をした場合、子の扶養義務は実父（和彦さん）より養父（再婚相手）の方が優先するという理由で、実父には養育費の負担義務がないという判断を裁判所が示しているようです。裁判所の公式的な見解と前妻の個人的な意見と、どちらが優先するのかは言わずもがなです。このように、裁判所が和彦さんの意見にお墨付きを与えたことを強調して、「だから口をはさむ余地なんてないはず！」と言い放ったそうです。

本来、養育費を改定するタイミングは支払義務者（和彦さん）が見直しを求めた時点ではなく、改定対象になる「事情変更が起こった時点」でしょう。今回の場合、前妻が再婚したのは7年前です。だから、和彦さんがその気になれば7年分の過払い分（毎月16万円×84ヵ月）として1344万円を返すよう前妻に対して請求することも可能といえば可能です。しかし、前妻の家庭は和彦さんからの養育費がゼロになり、主な収入源が再婚相手の年収（600万円）だけ。専業主婦の妻に高校生と中学生の連れ子を養っていくので精一杯。その上で、和彦さんに対して過去の養育費を返すのは厳しいでしょう。そのため、和彦さんは「将来の養育費を免除してくれれば、過去の養育費は返さなくても良い」という提案をしたのです。

さらに、子連れのシングルマザー（前妻）がわずか交際1年で再婚に踏み切るのは早すぎるので、きっと離婚前から付き合っていたはずです。前妻が彼（再婚相手）と知り合ってから離婚するまでの関係は法律上の「不貞関係」であり、当然のことながら不貞行為は慰謝料の対象です。だから、和彦さんは再婚相手に対して、今でも慰謝料を請求することは可能といえば可能でしょう。

しかし、和彦さんは何より養育費の免除を最優先に考えていました。もちろん、和彦さんが何も知らないのをいいことに、不貞の事実を隠したまま離婚を切り出し、本当なら支払わなければならない慰謝料をまんまと免れ、しかも「再婚しない前提」の養育費を払わせ続けたのです。「屈辱以外の何物でもなく、今でも許しがたいですよ」と、和彦さんは自嘲気味にそう吐き捨てました。

ただ、再婚相手に慰謝料を払わせることに時間を要することで本件が長引き、前妻との接触回数が増えることを、和彦さんが望んでいないのも確かです。だから、和彦さんは前妻が今すぐ養育費の免除に同意するのなら、見返りに慰謝料の請求権を放棄するという提案も同時に行ったのです。

■10人中2人は「再婚」という現実

今後、和彦さんは前妻と接点を持つつもりはないそうです。一方の前妻はどうでしょうか？　きっと前夫と接点を持ちたくないでしょう。それなのに無意味に決断を遅らせ、不必要に話合いを長期化させ、意固地に無視を続けたりしたらどうなるでしょうか？　今回の件をいつまでも解決しないでズルズルと接点を持ち続けることで、互いが互いを傷つける回数が増えるようでは本末転倒でしょう。長期化するデメリットは、和彦さんだけでなく前妻にもあるのだと言い添え、「早く観念して、一刻も早くあきらめて欲しい」と伝えたところ、最終的には渋々ですが、前妻から承諾を得ることができたのです。

平成17年の人口動態統計（厚生労働省）によると、「夫が初婚・妻が再婚」というケースは婚姻全体の7・1％、「夫が再婚・妻が初婚」というケースは9・3％、「夫・妻ともに再婚」というケースは9％です。昭和50年の同統計では「夫が初婚・妻が再婚」というケースは3・6％、「夫が再婚・妻が初婚」というケースは5・2％、「夫・妻ともの再婚」というケースは3・9％でした。つまり、バツイチ同士の再婚は30年で3倍に増えたことが分かりますが、むしろ驚くべきなのは男性10人のうち2人は「再婚」という現実でしょう（婚姻全体に占める再婚の割合が夫は19・2％。妻は16・5％。いずれも平成25年の人口動態統計より）。

毎年一定数の男女が離婚するので、離婚経験者は年々増える一方です。だからこそ、離婚経験者の増加に比例して再婚トラブルが増えているのは自明の理ですし、自分が当事者になっても不思議ではないのです。もはや、他人事では済まされないのです。

2.【バツイチ再婚】「借金してでも金払え！」幸せな再婚を打ち砕く前妻の守銭奴ぶり

弱男（46歳）VS「守銭奴」強女（36歳）

〈登場人物〉
夫：山下剛（46歳・会社員・年収600万円）／妻：山下愛（36歳・専業主婦）
妻の連れ子：山下美桜（4歳・愛さんと前夫の娘）／夫婦の子：山下悠人（0歳・剛さんと愛さんの息子）
前妻：藤田香織さん（44歳・会社員・年収400万円）
前妻の子：藤田美咲（16歳・剛さんと香織さんの長女）・藤田美月（13歳・剛さんと香織さんの長女）

■大離婚時代到来で急増する再婚トラブル

これまでは主に離婚に焦点を当てて相談事例を紹介してきました。今回は離婚の一歩先にある「再婚」に目を向けてみましょう。再婚という言葉にどのような印象を持ちますか？　2回目とはいえ再婚は「結婚」とほぼ同意語なので素敵で幸せで楽しい……。そんな前向きなイメージでしょうが、一寸先は闇です。気がついたら借金が年収相当に膨れ上がり、すでに自己破産一歩手前で家族離散の危機に直面していた……。そんな暗く悲惨で不幸な再婚カップルが、私のところへ相談に来るケースが急増しています。「再婚トラブル」を甘く見てはいけないのですが、相談の現場では何が起こっているのでしょうか？

最近のワイドショーやゴシップ誌、そしてママ友との井戸端会議で話題になるのは、やはり芸能人の結婚が多いようです。例えば、歌舞伎俳優の中村獅童さんや美人弁護士の大渕愛子さん、そして俳優の豊川悦司さんなどなど。この3人に共通するのが再婚だということです。報道によると、中村獅童さんは前妻との間に子供がいるそうで、豊川悦司さんも同じです。そして、大渕愛子さんの現夫・金山一彦さんも前妻との間に子供がいるようです。ただでさえ有名人のプライベートは注目度が高いのですが、再婚の場合はなおさらです。なぜなら、前妻側の人間は「前夫の再婚」と手放しで喜ぶことは難しく、特に前妻の子供は顕著でしょう。それもそのはず。「パパがママとは別の彼女と一緒になる」のだから。とはいえ、今回取り上げたいのは再婚に伴う感情論ではなく、もっと下世話なところ……そう、「お金」のことです。

再婚トラブルの急増という現象は、何も私の半径10メートルに限った珍事ではなく、全国共通の傾向だということは、統計上明らかです。前述しました平成25年の人口動態統計（厚生労働省）を思い出して下さい。驚くべきことに、男性5人に1人は「再婚」という現実なのです（婚姻全体に占める再婚の割合が、夫は19・2％・妻は16・5％）。これはビックダディこと林下清志さんのテレビ番組を思い浮かべるとどういう現象なのか、何となくのイメージを掴みやすいでしょう。

再婚トラブルのうち､私のところに相談に来るケースの多くは「養育費の見直し」です。これは、離婚時に決めた子供の養育費（例えば、夫が妻に支払う）が経済状況（収入の減少など）や家族構成（夫側の再婚、子供の誕生など）の変化により満額支払うことが難しくなった場合です。ここでいう経済状況や家族構成の変化とは一体、何なのでしょうか？

今回紹介する相談者は山下剛さん（46歳）。剛さんは8年前に妻（香織さん）と離婚したのですが、剛さんと香織さんの間には、長女（美咲さん・当時8歳）と次女（美月さん・当時5歳）がいました。話合いの末、美咲さんと美月さんの親権はどちらも香織さんが持つことに決まり、その代わりに剛さんは香織さんに対し、美咲さんと美月さんの養育費として子1人あたり毎月6万円、さらに毎月の養育費とは別に、ボーナス月（毎年6・12月）に子1人あたり6万5000円支払うという約束をしたようです。

しかし、今現在、離婚時と比べると剛さんの経済状況や家族構成は大幅に変わっており、養育費の金額は剛さんの現状に即していません。剛さんの家計の収支は赤字に陥り、このままでは多額の借金を抱え、経済的に破綻して路頭に迷いかねないような危機的な状況だったので、私のところに相談に来たという経緯です。剛さんの身に何が起こったのでしょうか？　具体的に見ていきましょう。

■バツイチ再婚で赤字転落……何から手をつければ良いか

離婚から4年間、剛さんは独身で誰も扶養していなかったので、確かに香織さんとの離婚時に約束した毎月12万円と、さらにボーナス月には13万円の養育費負担は、楽ではなかったですが、それでも何とか遅れずに満額支払ってきたそうです。

しかし、剛さんは離婚4年目に愛さんと再婚しました。愛さんも前夫と離婚しており、前夫との間に美桜ちゃん（当時1歳）がいたのです。剛さんは美桜ちゃんがまだ小さいこともあり、自分の子として育てていくつもりで、美桜ちゃんと養子縁組をして養親となったそうです。そして、再婚4年目（離婚8年目）に愛さんとの間に待望の赤ん坊（悠人ちゃん）が誕生。現在、剛さんは3人（愛さん・美桜ちゃん・悠人ちゃん）の家族を養っているのですが、離婚当時と比べて、再婚して連れ子と実子の扶養という事情により、家計の支出が大幅に増えるのも無理はありません。

具体的な支出ですが、毎月（6・12月以外）、ボーナス月（6・12月）の支出の内訳と合計は以下のとおりです。例えば、家族のお米代、剛さんのカイロプラクティック、悠人ちゃんのミルク・オムツ代は本来、毎月の給与から支払うべきでしょうが、6・12月以外の月は赤字状態なので、毎月発生する前述の支出を6・12月のボーナスで補填《ほてん》するという異常な状態です。剛さんの話によると、すでに最大限、出費を切り詰めており、これ以上、お金を節約することで赤字を解消するというのは難しそうです。

一方、収入はどうでしょうか？　まず剛さんは会社員で、毎月の給与が30万円、ボーナス月の賞与が30万円（いずれも手取額）だそうです。このように収入と支出のバランスを考えてみると、今現在、毎月の支出が剛さんの収入を毎月約9万円（30万円-39万円）、ボーナス月約13万円（30万円

〈毎月の支出〉

家賃：	112,800円
幼稚園の費用：	31,500円
電気・インターネット・水道代：	20,000円
健康保険料：	7,500円
夫の昼食代：	25,000円
食費（家族の合計・夫の昼食代を除く）：	60,000円
携帯電話の料金（夫と妻）：	16,000円
養育費：	120,000円
計	392,800円

〈ボーナス月の支出〉

お米代：	50,000円
（毎月約8,300円×6ヵ月分の補填）	
幼稚園の行事等の費用：	10,000円
カイロプラクティック：	99,000円
（毎月12,500円×6ヵ月分の補填。交通事故による後遺症で頭痛の治療のため不可欠）	
ミルク・オムツ代 120,000円：（毎月20,000円×6ヵ月分の補填）	
養育費：	13,000円
計	429,000円

－43万円）も上回っており、かなり危機的な状況です。ここまで進退窮まっては、もはや香織さん（前妻）に養育費の支払条件を見直すよう求める以外に打開策はないでしょう。では、具体的に養育費をどのように見直せば、赤字は解消するのでしょうか？

■昇給の見込みなく、実家を頼れない、現妻も働けない……前妻に出した答えは!?

まず毎月の養育費（6・12月以外）ですが、離婚時の条件は子1人あたり6万円ですが、これを半分の3万円に減らします。その上で、ボーナス月の養育費（6・12月）は子1人あたり6万5000円でしたが、これは免除してもらいます。そうすると赤字は解消されますが、あくまで剛さんのシナリオどおりに進んだ場合の話です。香織さんからしてみれば、養育費の見直しに応じることは、本来もらえるお金を自ら手放すようなことです。剛さんは意を決して直談判しに行ったのですが、やはり香織さんが激しく抵抗してきたのです。

「その女（現妻の愛さん）が働きに出ればいいじゃないの？　甘ったれてんじゃないわよ！」

そうやって香織さんは啖呵《たんか》を切ってきたので、剛さんは言葉を失ってしまったそうです。しかし、少し考えれば、香織さんの要求が愚問であることは明らかです。まず、愛さんは現在0歳の乳飲み子を抱えていますが、先々のことはともかく、今すぐ働きに出ることは現実的に無理でしょう。また剛さんも会社員という立場ですから、収入が大幅に増えることは期待できません。収入の増加で赤字を解消するのは難しいということです。

「順番が違うんじゃないの、まず先に実家でしょ？　パパのスネでもかじってきなさいよ！」

香織さんはそんな他人事のような態度をとってきたのですが、香織さんの指摘は的を得ていなかったようです。なぜなら、剛さんは両親からお金を借りて赤字の穴埋めをしていたからです。すでに借金の合計は200万円に達しており、両親には「これ以上、貸すことはできない」と断られてしまったそうです。両親には当面の間、借金の返済を猶予してもらったようですが、一方で貯金200万円があったのですが、これも生活費に充ててしまったようで、すでに貯金は底を尽いていたのです。このような、急場しのぎはもはや限界でした。剛さんがそう窮状を事細かに説明したにも関わらず、香織さんは逆上してきたようで……。

■借金してでも金払え！　守銭奴な前妻との再婚トラブル

「アンタがどうなるかなんて知ったこっちゃないわよ。借金をしてでも耳を揃えて全額払ってもらうから‼」

万が一、剛さんが両親以外に銀行やクレジット会社等で借入をしたら大変なことになります。結局、家計収支が赤字のままなら、借金を返済するお金がないので、前回の借金を返済するためにまた借金をするという自転車操業に陥り、借金はどんどん膨らむばかりです。早晩、剛さんが経済的に破綻するのは目に見えています。

このままでは本当に取り返しのつかない事態になりかねません。一刻も早く手を打たなければなりませんが、いくら赤字を補填する別の方法を探し当ててもあまり意味がありません。もっと根本的なところ、家計収支の赤字を解消する方法を探さなければなりません。

しかし、収入の増加や支出の減少が難しいとなると、可哀想ですが美咲さんと美月さんの養育費を見直す以外に方法はないのです。現在、剛さんは借金をせずに自分の収入だけで養育費を満額支払うことが困難なのだから、養育費の見直しは避けて通れないことを念押ししました。それでも香織さんは現実を直視せず、過去のイザコザを蒸し返してきたそうです。

「養育費を払う約束で離婚したんでしょ？　今さら『払えません』ってどういうつもりなのよ？騙したのね」

離婚の協議中、剛さんは香織さんに対し「養育費は希望どおり払うから」というようなことを言ったかもしれません。しかし、前述のとおり、そもそも離婚をするときに、どんな経緯でどんな約束を交わそうと、法律上、養育費は事情変更（離婚時と比べ、経済状況や家族構成等が変わった場合）による見直しが認められているのです（民法880条）。裏を返せば、離婚時にどのような養育費の金額や期間を約束しても、約束した金額を約束した期間の最終回までもらい続けることが保証されているわけではないのです。香織さんの個人的な意見と法律の公式的な見解のどちらが優先するのかは明白ですが、それでも香織さんはまだ食い下がってきます。

「勝手に再婚したり、連れ子を引き取ったり、子供を作ったりして、あまりにも無責任なんじゃない？　その女と再婚せず、連れ子を扶養せず、子供を作らなければ、養育費も全部払えたんじゃないの？」

確かに、剛さんが最終月の養育費を払い終えるまで独身を貫けば、香織さんの言うとおり、ここまで生活に困窮していなかった可能性もあるでしょう。しかし、それは単なる机上の空論です。なぜなら、養育費見直しの対象になる事情変更は夫側の再婚、連れ子の扶養、子の誕生だけではないからです。それ以外の事情変更に、例えば「経済状況の変化」とは、夫側の収入減（業績不振・不況による残業代カット、病気・怪我等による収入減、転職、失業など）、夫側の支出増（親への仕送り、介護費用、弟妹の養育費、借金など）、その他（離婚時に決めた養育費がそもそも多額すぎて、支払えるような金額ではなかった）などです。

一方、「家族構成の変化」とは夫の再婚（扶養家族の増加：再婚相手、再婚相手との間の実子、再婚相手の連れ子、再婚相手の両親など）や妻の再婚（世帯収入の増加：妻の収入、再婚相手の収入、再婚相手の両親の援助など）ですが、剛さんが独身を貫いても、これらの事情が発生し、結局、養育費を見直さなければならなくなる可能性は十分にあるのです。

もちろん、再婚や連れ子との養子縁組や妊娠出産は、あくまで個人の自由でしょう。常識的には前もって香織さんの承諾を得るべきという見方もあるでしょうが、再婚、養子縁組、妊娠はいずれも香織さんの承諾を得ずに行うことが可能ですし、過去を振り返ってタラレバの話をしても話は前に進みません。あくまで、今現在の経済状況、家族構成だけを基に現状に即した条件に補正すべきだということを強調したのですが、今度は香織さんの嫉妬心に火をつけてしまったようで……。

■なぜ子供は平等なのに「自分さえ良ければそれでいい」と軽口を叩けるのか

「他人の子より私の子を優先するのは当然でしょ！　向こうの子のために美咲と美月の養育費を減らすなんて納得がいかない‼」

このような香織さんの傍若無人な物言いを聞き、剛さんも内心「自分さえ良ければそれでいいと思っているのか？」とカチンをきたそうですが、少し冷静になって言葉を選びながら、香織さんを諭し始めたのです。まず第一に「子は親を選んで産まれてくることができないんだよ」と。万が一、香織さんが一切妥協せず、剛さんが前述の養育費を満額支払うとなると、例えば家族の食費を削れば子供に十分な栄養を摂らせることができず、悠人ちゃんにミルクを与えることができなければ死活問題です。

また今現在、通っている幼稚園を「月謝を払うことができない」という理由で無理やり辞めさせられれば、美桜ちゃんが受ける精神的なショックは計り知れず、人格形成に悪影響を及ぼすに違いありません。そして子供に高校や大学等の受験に合格するほどの学力があるにも関わらず、入学金や授業料を支払うことができないため進学を断念せざるを得ず、進路を狭められるようなことになれば、子供は両親（剛さん・愛さん）のことはもちろん、遠巻きながら原因を作った前妻（香織さん）のことを一生恨み続けるでしょう。このように、現状のままでは子供は明らかに同級生より下の教育水準に甘んじたり、大学全入の時代に大学へ進学できなかったり、最低限の生活すらままならないという劣悪な環境で育つことを強いられます。

「繰り返しになるが、子は親を選んで産まれてくることができない。たまたま私たち夫婦のところに産まれてきたせいで、不憫《ふびん》な思いをさせるようなことは何とかして避けなければならない。私はどんなに咎《とが》められても仕方がないが、子供には何の罪もない。だから、今回の件で子供へ飛び火することは絶対に防がなければならない」

剛さんは涙ながらに訴えかけたそうです。

そもそも今回の見直し案はあくまで期間限定で、最後まで減額後の条件が続くかどうか現時点では定かではありません。例えば、3年経てば悠人ちゃんのミルク代やオムツ代が不要になるので、剛さんは3年後に再度話し合って条件を見直すことを言い添えたのです。香織さんは一時的に養育費を減らされても、また復活する可能性があることを知り、だいぶ態度を軟化させたようです。結局、剛さんと香織さんとの間で20回ほどのやり取りを繰り返した結果、最終的に香織さんは剛さんの見直し案を受け入れるに至ったのです。

剛さんの場合、養育費の見直しに成功していなければ、赤字を補填すべく毎年134万円（毎月9万円、ボーナス月に13万円）の借金をしなければならず、金利を別にしても借金は5年間で670万円に達し、剛さんの年収（600万円）を超えるという多重債務状態に陥ります。剛さんのケース以外では、単なるお金の問題にとどまらず養育費見直しに失敗した結果、夫婦関係が悪化し、せっかく再婚したのに早々に離婚に至ったという実例も一定数、存在します。

■再婚、妊娠、子の誕生「前」に前妻と交渉しよう

このように剛さんは家計の赤字状態を解消し、まともな生活に戻ることができました。しかし、

あくまで最悪のパターンに至らなかったに過ぎません。剛さんの場合、手を打つのがむしろ遅すぎたくらいです。これはどういうことでしょうか？

例えば、再婚や連れ子の扶養、妻の妊娠、出産というタイミングでその都度1人で抱え込むのではなく、もっと早く香織さんへ相談し、養育費の見直しを行っていれば、剛さんのように貯金を食い潰したり、実家からお金を借りたりすることなく、万が一の場合の備えを残しておいたり、必要以上に両親との関係を悪化させずに済んだかもしれません。

もちろん、剛さんと香織さんは離婚を経験した元夫婦という間柄のため、互いになるべく関わりたくないという心理が働くのは仕方がありません。しかし、人生におけるライフイベントは、再婚にせよ妊娠にせよ突然発生するわけではなく、多少の時間的猶予はあります。ですから、前もって収支の数字を把握したり、将来の負担増を予測したり、支出を見直したりして、早め早めに手を打つことをお勧めします。

3．【親子DNA鑑定】息子は自分の子でなかった！ 元彼との再婚のつなぎに使われた悲劇
弱男（36歳）VS「確信犯」強女（33歳）

〈登場人物・属性〉
夫：真壁哲人（36歳・会社員・年収400万円）
妻：真壁麻美（33歳・専業主婦・離婚を切り出してからパートタイマー）
夫婦の子：真壁悠斗（6歳・当初は夫と妻の子も途中から妻と不倫相手の子に）
妻の不倫相手（元彼）：辻村仁（34歳・会社員・年収600万円）

■育ての親と実の親の相違!? 不倫のせいで巻き込まれた父と子の悲劇

突然ですが、質問です。

「息子さんは本当にあなたの子ですか？ あなたは本当に息子さんの父親ですか？」

「何を馬鹿げたことを！」「失礼じゃないか？」とお叱りになるのも無理はありません。しかし、「親

子ではない」可能性がゼロだと本当に言い切れるでしょうか？　平成24年の司法統計によると、親子かどうかを争う事案（親子関係不存在確認の申立件数）は１３６５件も存在するのだから、決して他人事ではないでしょう。なぜなら、今の日本では「出生時のＤＮＡ鑑定」は義務付けられていないので、今回紹介するような悲劇は一定数、起こるべくして起こるからです。

例えば、あなたは引っ込み思案で口数が少なく、１人でいるのが好きなタイプなのに、息子さんは大勢に囲まれているのが好きで、思ったことはすぐに口にするタイプ。また、あなたは一重で切れ長のしょうゆ顔なのに、息子さんはパッチリ二重のソース顔。性格も容姿も自分とは正反対、似ても似つかないので首をかしげるのは日常茶飯事。だから息子さんとは相性が悪く、ちょっとしたことでもすぐにぶつかってしまうことが多々あるとしたら……。

元光ＧＥＮＪＩのメンバーで俳優の大沢樹生さんが、女優の喜多嶋舞さんとの間にもうけた長男は実子ではないと「親子関係不存在」の確認を求める訴訟を起こしました。大沢さんは、どのようなきっかけで「本当にオレの子なのか？」と疑いを持ち始めたのかは分かりません。

いずれにしても、「育ての親と実の親の相違」は円満な家庭で仲睦まじく暮らしている夫婦にとって単なる戯言《たわごと》に過ぎないでしょう。夫が妻のことを心から信じていれば、妻に「男の影」を感じたりはしないのだから。しかし、険悪な家庭で仮面夫婦を演じている場合はどうでしょうか？　前述のような疑いの目が日増しに膨らんでいけば、こんなことが頭をよぎっても不思議ではないでしょう。「もしかしてオレの子じゃないかも……」と。

育ての父親と実の父親、そして母親が「子供のため」という視点で3人一致団結すれば良いのです。しかし、特に実の父親と母親は平気で不倫をするような倫理観の欠落した輩たちですから、実際に白黒をつけようとすると、途端に醜い責任のなすりつけ合いが始まるのです。

例えば、心のうちは三者三様のようで……。

妻　　：とりあえずアイツ（育ての親）の金を握っておいて、もしバレたら彼（実の親）に乗り換えればいいや

実の親：あれだけ反対したのに無理やり出産に踏み切った。今さら何なんだ。実の親だから？いや、もう時効だろう！

育ての親：今まで自分の息子として育ててきたのに、明日から「息子じゃない」なんてあんまりだ。でも息子のことを考えると、血が繋がっていない僕が父親のままでいいんだろうか。実の父親に引き取られた方がいいのではないか？

今回は育ての親の目線に絞って話を進めていきましょう。夫は「自分の子ではない」と薄々感づきながら、だましだまし妻子と生活を続けてきました。しかし、ついに離婚が避けられなくなった場合、どうすれば良いのでしょうか？　私のところに来た相談者の実例を元に解説してきましょう。

「僕と妻は6年前に結婚したのですが、いわゆる『できちゃった婚』でした。翌年の1月に長男が産まれたのですが、実は……僕の子ではなさそうなんです」

そんな風に、相談の初っ端から問題発言を私にぶつけてきた真壁哲人さん（36歳）。「自分の子ではない」なんて聞き捨てなりませんが、一体、どういうことなのでしょうか？

■「あり得ない血液型」で判明した種違いの真実

「だって僕も妻も血液型はO型、でも子供はB型。どう考えてもありえない組み合わせでした。もしかして、妻が二股をかけていたのでは？　と疑わざるを得ません。僕とは別に『そういうことをした』オトコがいるのではないかと」

哲人さんいわく、疑惑の的は妻の「元彼」。妻は哲人さんと知り合う前にその彼と付き合っており、そして哲人さんと交際を始めたにも関わらず、彼とズルズル続いていたのだろうと。哲人さんが首をかしげたのは、血液型のせいだけではありません。哲人さんには身に覚えがなかったのです。妻が出産した日から遡って10ヵ月前に性交渉をした覚えが――。というのも、ちょうどその頃の哲人さんは、仕事による過労のため心身ともに疲れ果てており、そのためか一時的ですがＥＤ（勃起不全）気味だったようです。

血液型の不一致やセックスレスという事情を踏まえれば、妻は妻で種の主が夫（哲人さん）でないことは分かっていたはずです。もちろん、「婚約中なのに元彼と寝た」などと妻が正直にカミングアウトすることは期待できないでしょう。しかし、このままでは「他人の子を夫に育てさせる」という苦行を夫に強いることになります。妻のなかに「子供をあきらめる」という選択肢はなかったのでしょうか？

「妻はクリスチャンなので産むしかなかったようです」

哲人さんの言うように、キリスト教のなかでもカトリックの一部には中絶を禁止している宗派もあるようです。妻には宗教上の理由で「夫の子ではないからあきらめる」という道は存在しなかったのですが、それにしても……です。

■「間男との子」を夫に育てさせる悪女の企み

哲人さんによると妻は一緒にいる間も、頻繁に席を外したり、外出したりしており、その時は必ず携帯電話を手放さなかったそうです。そのため、哲人さんは自分の目を盗んで妻が「誰か」と電話やメール、ＬＩＮＥをしていることは察しがついていたと言います。そして、「誰か」というのが元彼だということも。

結局のところ、結婚してからも、同居してからも、出産してからも、妻の怪しい様子は何一つとして変わらなかったのです。いいかげん、哲人さんも子の父親が「元彼ではないか」と感づいていたのですが、それなのになぜ、妻に対して事の真偽を確かめなかったのでしょうか？　哲人さんは当時の心境を振り返ってくれました。

「自分の子でなかったことがとてもショックで、そのとき離婚を考えたのも確かです。当時は口にしませんでしたが……。しかし、子供に罪はないですし、何だか可哀想になり、結局は育てることにしました」

息子さんはとても可愛い子で、哲人さんのことを「お父ちゃん」と言って慕ってくれるそうです。だから哲人さんも自分の子ではないのに「自分の子」だと自らに言い聞かせながら、何とか自分をだましだまし育ててきたのです。そんな風にズルズルと6年間、限りなくクロに近いグレーな疑惑を晴らさないまま今日を迎えてしまったのです。他人の子を夫に育てさせる……。倫理観の欠落した悪妻と、その自由気ままな妻を疑いつつ何も言えない弱夫という不自然すぎる夫婦。まるで、加害者と被害者が一つ屋根の下で暮らすような生活が長続きするわけはなく早晩、終わりを迎えるのは目に見えていました。そして、2人の離婚を決定づける出来事が起こってしまったのです。

哲人さんによると、3年前（子供が3歳のとき）から妻はパートタイマーとして働き始めたそうですが、勤務時間は10～17時という条件だったにも関わらず、妻が帰宅するのが19時を過ぎるということが何度もあったようなのです。妻は「会社がなかなか帰らせてくれない」と不満をタラタラ言うのですが、とはいえ息子さんを保育園まで迎えに行く時間は決まっているので、哲人さんが代わりに早退をして迎えに行ったり、ママ友に預かってもらったり、保育園に迷惑をかけざるを得なくなったのです。

「後で分かったことですが……」

哲人さんはそう前置きをした後、事の真相を暴露し始めました。どうやら妻の帰宅が遅れた本当に理由は、仕事ではなく元彼だったのです。「仕事だから」と言いながら、実際は元彼と会っていたようなのです。

「僕もちょっと言いすぎたのかもしれませんが、でも……」

哲人さんは妻が家庭や子供のことより、元彼を優先していたことがどうしても許せなかったそうです。ようやく堪忍袋の緒が切れてたようで、哲人さんは妻に向かって今まで貯め込んできた不満を爆発させてしまったのです。

「いいかげんにしろよ！　お前、自分が何をやっているか分かっているのか？　これ以上、振り回されるのはコリゴリだ！」

結局、この件の直後、妻は息子さんを連れて実家へ戻ってしまったそうです。哲人さんに断りも入れず無断で。さすがの哲人さんも、「離婚」の二文字を覚悟せざるを得ませんでした。

■離婚したら息子と縁を切るべきか否か…… 育ての父親の苦悩

それから2ヵ月。哲人さんも手をこまねいていたわけではなく、何とか妻子を連れ戻そうと足しげく実家通いを続けました。しかし、結果は門前払いばかりで功を奏さず、時間ばかりが過ぎていったのです。そして自宅に1人取り残された哲人さんの下に2通の手紙が届きました。宛名はどちらも「家庭裁判所」。2通に共通するのは、それが「調停」だということ。調停とは、裁判所内で調停委員や裁判官を交えて話し合う制度です。

1通は離婚調停への呼び出しでした。妻は、これ以上哲人さんと話し合っても埒《らち》が明かないと思ったのか、舞台を裁判所へ移してきたのです。もう1通は何だったのでしょうか？　そこに書かれていたのは「親子関係不存在確認」の調停。一見、聞き慣れない漢字9文字ですが、これは一体、何なのでしょうか？　まず今現在、戸籍上の親子になっている父と子がいるとします。そこで利害関係者が「父と子が本当に親子なのか」と疑問を抱いたとき、親子関係の有無について結論を出すという制度です。

具体的には父と子がＤＮＡ鑑定を行い、科学的な視点で本当に親子かどうかを確認します。つまり、ＤＮＡ鑑定の結果、哲人さんと息子さんが「親子ではない」と認定されれば、今まで親子だった２人は明日から赤の他人になってしまうのです。過去６年間、哲人さんはその子のことを「実の息子」だと思い、息子さんも哲人さんのことを何の疑いもなく「お父さん」だと思い、一緒に喜怒哀楽を分かち合ってきたのにです。

哲人さんは裁判所からの手紙を見るや否や、わなわなと手が震え、一気に体中が熱くなり、頭に血が上ってしまったそうです。無理もありません。哲人さんは６年もの間、ずっと「本当に自分の子なのか？」と疑いながら過ごしてきました。百歩譲って哲人さんの側から「親子関係不存在確認」の調停を申し立てるのなら、まだ話は分かるでしょう。

しかし、実際には妻の方から先んじて申し立ててきたのです。哲人さんが「言おう言おう」と思っていたことを、妻に先に言われてしまったわけです。それだけではありません。別のオトコと肉体関係を結んでおきながら、他人の子を育てさせておきながら、そして勝手に出て行っておきながら、「アンタはもうお役御免だわ」と言わんばかりに逆上してきたのだから、哲人さんの怒りは想像を絶するでしょう。

哲人さんは6年間、モヤモヤした苦悩を抱え込んでおり、ようやく今回、白黒をつけることができるのは確かです。しかし、そう簡単な話ではありません。哲人さんは息子さんのことを我が子のように可愛がってきたので、そこで生まれた愛着はそう簡単に捨て切ることはできず、息子さんへの愛情が後ろ髪を引き、「調停に出席するべきかどうか」をなかなか決断できずにいたのです。

「確かに息子とは血が繋がっていません。でも、とても可愛いし、今まで色々なところへ一緒に遊びに行ったし、たくさんの楽しい思い出があります。妻はともかく、息子とは別れたくないのが正直なところです。だから迷いに迷いました」

■再婚するまでの「つなぎ」で結婚しておく鬼女のしたたかさ

まず「妻との離婚」ですが、哲人さんは離婚調停の呼び出しに対して、どのように答えたのでしょうか?

「妻と離婚することに何の抵抗もありません。妻は今まで僕のことを何度も何度も裏切ってきました。まともな人間だとは思っていません。このまま妻と結婚していても、また別のことで悩まされるに決まっています。これ以上、関わりたくないんです」

次に息子さんの件ですが、哲人さんは育ての親として、最終的にどのような結論に至ったのでしょうか？

「『親子関係不存在の確認』の調停を受け入れることにしました。親子の縁を切ることに決めました。僕のことを実の父親だと慕ってくれた息子のことを考えると断腸の思いですが、これは息子の将来を考えてのことです。息子はこの春、小学校に入学するのですが、これ以上、長引かせて入学の手続きを混乱させるわけにはいきません」

哲人さんは最後にこう言い残して、私の事務所を後にしました。

「先生にこのような相談をしなければならないことがとても悲しいです。過去の経緯はどうあれ、僕のせいで何の罪のない可愛い息子を傷つけてしまったことに変わりはありません。本当の父親と妻は今でもやり取りがあるのでしょうか？　息子もそちらに行った方が最終的には幸せでしょうし、そうなれば、きっと僕のことは忘れてくれるでしょう。今はそう願いたいです」

残念ながら、哲人さんの予感は悪い方へ的中したようです。哲人さんと離婚が成立してからちょうど6ヵ月後、妻は元彼（実の父親）と再婚したという報が哲人さんの耳に入ってきたのです。それだけではありません。噂によると、元彼というのはもともと既婚者だったのですが、ようやく（元彼の）妻と離婚が成立し、彼女（哲人さんの前妻）と再婚することができたとのこと。

少し複雑なので話をまとめましょう。

後日分かったのは、哲人さんの妻は哲人さんと知り合う前に彼と付き合っていたのですが、この時点で彼は既婚者だったこと、そして妻が哲人さんと付き合い始めて妊娠が分かったとき、哲人さんではなく彼と結婚するという選択肢もあったのですが「彼が既婚者だったので」結婚できなかったこと、そして妻が哲人さんに他人の子を育てさせたのは、あくまでも彼と再婚するまでの「つなぎ」だったこと。つまり、哲人さんの存在は、しょせん「一時的な代用品」に過ぎなかったのです。

■親子のDNA鑑定の激減と、種違いを黙認する男性の急増

ところで、哲人さんのような悲劇は、最近増えているのでしょうか？　法務省の司法統計によると、親子関係不存在確認の申立件数は平成17年が2323件、平成24年が1365件なので、7年間で約41％も減っているようです。もちろん、哲人さんのような「できちゃった婚」だけでなく、離婚協議中に妻が不倫から妊娠をして、離婚後300日も経たずに出産したケース（いわゆる300日問題）もこの数字のなかに含まれています。

一方で、不倫妻の数はどうでしょうか？　さすがの法務省も「不倫妻の数」は調べていませんが、そう劇的に増えたり減ったりはしないでしょうから、増減は誤差の範囲でほとんど横ばいでしょう。このように親子関係不存在の数と不倫妻の数を見比べると、何が増えていることが分かるでしょう

か？　そう、「自分の子ではないのに育てている父親」です。基本的に、円満な家庭で仲睦まじく暮らしている夫婦にとって、「実の子かどうか」を疑うような場面はほとんどありません。多少なりとも疑いを持ったとしても「DNA鑑定をしよう」、「家庭裁判所へ申し立てよう」、「戸籍を修正しよう」とは思わないでしょう（もちろん、平和な家庭でも「自分の子ではない」ケースは内在しているかもしれませんが）。

逆に言えば、白黒をつけるのは夫婦が離婚する場合のみです。哲人さんのように親子関係に疑問を持ち、DNA鑑定を行い、親子関係不存在確認の手続きを踏み、戸籍を正しく直そうとすれば良いのです。しかし、前述の統計によると、実際のところ何もせず離婚する夫も増えているでしょうから、離婚後、「自分の子」だと勘違いして、他人の子に毎月せっせと養育費を支払っていても不思議ではないのです。

いずれにせよ、哲人さんと同じ悲劇が起こらないようにするには、出産の段階でDNA鑑定を行っておくのが賢明ということです。そうすれば、哲人さんのように「育ての親としての責任」に苛《さいな》まれることもありません。何より、中途半端なタイミングで父親をチェンジするのは、子供にとって二次被害以外の何物でもありません。「育ての親と実の親の相違」を起こさないことが大事です。

第4章

卒婚　～強女のせいで巻き込まれる老後・介護・相続トラブルの処方箋～

1.【マスオさん】逆玉のはずが守銭奴一家に搾取され30年！ 遺産ゼロでも絶縁したい
弱男（56歳）vs「愉快犯」強女（53歳）

〈登場人物〉
夫：高島修（56歳・会社員・年収900万円・旧姓は渡辺）／妻：高島洋子（53歳・専業主婦）
妻の父：高島茂（享年78歳・1年前の逝去）／妻の母：高島節子（77歳・年金生活）
妻の妹：高島文子（51歳・専業主婦）／娘：高島麻衣子（28歳・会社員・修さんと洋子さんの子）

■父の遺産相続のせいで娘夫婦が熟年離婚！

父親の目の黒いうちは、娘夫婦はまるで切れそうで切れない糸のように、どうにかこうにか夫婦の形を維持してきました。しかし、父親がいなくなった途端、緊張の糸がプッツリと切れてしまい、とうとう離婚を突きつけてしまった……。本来、離婚は夫婦だけの問題であり、親の存在は直接、関係がなさそうですが、本当に「親は親」「子は子」なのでしょうか？ 父親の遺産の分け前をめぐって娘夫婦の関係がおかしくなり、残念ながら、もはや離婚を避けられなくなるケースも世の中には一定数、存在するのです。

ところで、平成27年の冬に向井理さん主演のテレビ朝日ドラマ『遺産争続』が注目を集めました。父親（伊東四朗さん）の遺産をめぐって、長女（余貴美子さん）と長女の婿（岸部一徳さん）が離婚の危機を迎えたのですが、タイトル名のとおり、「相続」は一歩間違えると「争続」となりかねません。向井理さんも岸部一徳さんも資産家の家に婿入りしたという意味では逆玉（玉の輿の逆パターン）なのですが、同居すれば住居は確保でき、資産を運用すれば生活費は保証され、さらに親が亡くなれば遺産を自由に使うことができる……。もちろん、人間関係の面では苦労するでしょうが、その代わりに少なくともお金の面では一生安泰。世間一般にはそう思われがちですが、本当に「婿入り＝悠々自適」なのでしょうか？

今回紹介するケースでは、「いずれ遺産をもらえる」という前提で婿入りから30年間給料の全額（月3万円のこずかい以外）を家に渡し続けてきたのに、結局は相続時に一銭ももらえず（返してももらえず）妻との離婚を決断した、まさに「正直者がバカを見る」を地で行く悲惨な男性の話です。夫は財産目当てで結婚したわけではないのに、どうやら親や妻は財産をちらつかせて夫をこき使ったようなのです。

親：遺産をエサにすれば、どれだけ勝手気ままに振る舞っても、どうせ婿は逆らえないだろう
娘：「パパの遺産」をダシにすれば、どんなに無理難題を押しつけても、どうせ夫は言い返せないだろう
婿：お父さんのおかげで今の自分があるのだから、最後まで誠心誠意、尽くしたい

争続の場面には数多くの人物が登場しますが、このように親・娘・婿だけを切り取っても、それぞれの思惑は三者三様なのです。だからこそ、「親の死」をきっかけに長年、隠してきた「腹黒さ」が前面に顔を出すのも自明の理でしょう。では、具体的な相談内容を順番に見ていきます。

■実家で同居し、義母の世話をして、生活費の面倒をみれば「遺産総どり」という幻想

「家内とはかれこれ30年連れ添ったんですが、実は別れようと思っています。何だかもう、すべてがバカバカしくなってきちゃって……」

そう自暴自棄に話すのは、高島修さん（56歳）。彼が私の事務所を訪れたのは2年前の12月。すでに真冬だというのに、その日に限っては気温が20度超えの小春日和で、季節外れの穏やかな陽気でした。しかし、当の修さんはどうだったのでしょうか？　真冬の空気のせいで冷たく凍りつくが如く、目を瞑《つぶ》り、歯を食いしばり、両手は両膝に置いたまま、ほとんど微動だにしなかったのが印

象的でした。私の目には、修さんが相当な覚悟を持って相談に来たように映りました。30年もの長きにわたり、修さんはどんな人生を歩んできたのでしょうか。

「これまで30年間、高島家のために身を粉にして尽くしてきました。それなのに……」

修さんいわく、妻と結婚するにあたり、妻の両親から3つの条件を付けられたそうです。1つ目は妻の両親と同居すること、2つ目は義母の世話をすること、3つ目は両親の面倒を最後まで見ること。というのも、妻の母親は重度のリウマチを患っており、その日その日で体調は変動するのですが、最低限の家事すらままならず、自分の部屋で寝たきりのままという日もあるほど重い症状に悩まされていたそうです。だから、今まで妻が母親に代わって食事や掃除、洗濯などの家事を担うのはやむを得ず、修さんと結婚したからといって、妻が母親代わりを辞めるわけにはいかないという特別な事情があったそうです。また結婚当時、まだ父親は健康体でしたが、父親に万が一のことがあっても途中で投げ出すことなく最後まで身の回りの世話や介護そして看病をする、ということだったそうです。

このように修さんは結婚と同時に、妻の実家に入ること、妻の姓を名乗ること、そして妻の家系を継ぐことを求められたのですが、これはいわゆる「婿入り」であり、『サザエさん』でいうところの「マスオさん」になることに他なりません。当時の修さんは26歳で、まだまだ遊びたい盛り。

せっかくの新婚生活をエンジョイしたいのに結婚して即、妻の実家暮らしでは親の目が気になって楽しむものも楽しめないでしょう。それなのに修さんはなぜ、婿入りという条件を受け入れたのでしょうか？

「それは、妻の父親が『高島家の財産はすべて修君に任せる』と約束してくれたからです」

修さんによると、父親の言葉はきちんとした契約書、確たる公正証書や正式な遺言を残したわけではなく、あくまで「口約束」に過ぎなかったそうです。ただ、修さんは何も遺産目当てで妻と結婚したわけではないので、「どんな形であれ、約束があればそれで十分だった」と振り返ってくれました。とにかく、修さんは父親を信用していたのです。もしも「婿入りを受け入れたのは、金に目がくらんだからだ」などと醜聞されれば、両親との同居生活が上手くいくはずもありません。そもそも婿の立場で高島家にどのくらいの財産があるのか、全容を把握するのは憚《はばか》れましたが、修さんは初めて実家を訪れたとき「ずいぶん広いなぁ〜」と感じたそうです。

加えて、父親の口ぶりから相当な財産があるのだと察しはついたそうです。だから、修さんは結婚当初から「多少の苦労はつきものだ」と覚悟の上だったそうですが、本当に「多少の苦労」で済まされたのでしょうか？　残念ながら、修さんの見立ては甘すぎたと言わざるを得ませんでした。結婚から現在までの30年間、修さんに強いられた苦労は想像を絶するものだったのです。

■こずかい3万円で30年間、耐え忍んだ末の不義理

「お恥ずかしい話ですが、実はほとんど貯金がないんです」

現在の財布の中身について、修さんはそう自嘲気味に吐露してくれました。しかし、修さんは資産家の妻と結婚して婿入りをしたはずです。よりによってお金で苦労するなんて信じがたいのですが、どうして齢56にしてまともに貯金もできないほど困っているのでしょうか？

結婚当時、修さんの手取りは毎月25万円。一方、修さんのこずかいはわずか3万円に抑えられていたそうです。しかも、昼食代が含まれた金額なので、修さんが自由に使えるお金はほとんどありませんでした。まともな大人が月3万円でやっていくのは至難の業でした。靴下に穴が開いたから新しい靴下を買いたい、会社の飲み会に参加したい、親戚の子にお年玉をあげたい……。しかし、ちょっとした入用があるたびに、修さんは妻に頭を下げなければならなかったのです。修さんの手取り25万円から3万円を引くと22万円が残りますが、22万円は一体、何に使われていたのでしょうか？

「タダで住まわせるわけないでしょ！　ちゃんと入れるものを入れなさいよ」

妻の母親がそんな風に言い出したそうです。もちろん、食費や水道光熱費・公共料金など日々の生活費は両親が支払っているのだから、修さん夫婦が「自分たちの分」を両親に渡すのなら、まだ

話は分かります。しかし、実際には逆でした。日々の生活費はとりあえず修さんの給料ですべて支払っていました。本当ならば、両親が修さんに対して「自分たちの分」を渡さなければなりませんが、残念ながら修さんが両親からお金を受け取ったことは、30年間ほとんどなかったそうです。修さんはようやく気がついたのです。

「結婚時の約束（最後まで面倒を見る）というのは、そういう意味だったのか……」

百歩譲って修さんが両親の分の生活費も立て替えるとして、それなら母親のいう「入れるもの」とは一体、何なのでしょうか？

「アパートを借りたら家賃が発生するでしょ？　だったら、うち（妻の実家）に住むにしても家賃を払うべきでしょ‼」

そんな身勝手なやり方が、母親の流儀だそうなのです。そもそも実家は先祖代々受け継いできたもので、当然のことながら住宅ローンは存在せず、家を維持するのに必要なのは、せいぜい固定資産税と修繕費くらいです。もし、修さんが両親へ家賃を上納すれば両親は丸儲けです。しかし、修さんは「婿の立場」では強く出ることができず、結局は母親の言い分に従うしかなく、結婚から30年間、父親の口座へ毎月6万5000円を滞りなく入金し続ける羽目になったのです。

結婚の翌年、修さん夫婦には娘が誕生したのですが、結局のところ、修さん1人の稼ぎで妻・娘・

父母にかかる費用のすべてを負担しなければならず、さらに家賃の支払いも強いられたので、前述の22万円（手取り25万円 - こずかい3万円）がほとんど残るはずもありませんでした。実家の財産はともかく、自分の給与すら自由にならないのは想定外でした。

「僕が給料を管理したところで、月末にはスッカラカンになることに変わりはないのだから……」

結婚から1年も経たないうちに、修さん夫婦は「こずかい制」に移行し、給与はもちろんボーナスも妻が管理し、修さんは毎月3万円のこずかいを妻から有難くいただくという生活を送ることとなったのです。残念ながら、結婚から現在まで「こずかい3万円」が増えることもありませんでした。修さんの手取りが昇給に昇給を重ね、一時は38万円に達したにも関わらず……。

また母親はかなりの癇癪持ちだったようで、事あるごとに修さんの悪口を言い続け、酷い仕打ちを続け、人格を否定するような暴言を吐き続けたそうです。それでも修さんはほとんど言い返すことなく、ただただ甲羅に閉じこもった亀のように、ひたすら耐え忍ぶという30年間でした。なぜ、修さんはここまで我慢し続けることができたのでしょうか？　すべては父親との約束が拠り所でした。修さんは当時の心境をこのように吐き出してくれました。

「とにかく今だけ我慢すれば、いずれ自分が高島家を継ぎ、すべての財産を継ぎ、そして何もかも自由になると思っていたんです！」

目の上のたんこぶだった母親は60歳をむかえる前に認知症を患い、最初のうちは妻が介護をしていたのですが、途中で手に負えなくなり、施設へ預けざるを得ませんでした。修さんが私のところに相談に来たとき、母親は依然として施設に入居中でしたが、まだ存命でした。一方の父親は、いくつかの病気を定期的に発症しては入退院を繰り返すという生活でしたが、昨年、息を引き取ったそうです。修さんは積もりに積もった不満や鬱積《うっせき》、そして怒りの感情を募らせていましたが、それらを一身に引き受け、飲み込み、のらりくらりと立ち回ることで、高島家は外から見ればどうにかこうにか平穏を保っていたのです。しかし「義父の逝去」をきっかけに、修さんは我慢の限界に達し、堪忍袋の緒が切れ、今まで守ってきた平穏を守りきれなくなってしまったようなのです。一体、何があったのでしょうか？

■父逝去後に判明した「婿養子縁組をしていない」真実

「文子さん！　話が違うじゃないですか‼」

修さんは思わず声を荒げてしまったそうですが、修さんが怒りの感情を露にするのも無理はありませんでした。修さんは「長女の夫」として、かろうじて父親の納棺、通夜、葬儀、四十九日など最低限の法要には参加することを許されたのですが、肝心要の「遺産協議」の場に呼ばれることはなく、すでに父親の逝去から10ヵ月が経過しようとしていました。もちろん、修さんは「長女の夫」として遺産協議の場で意見を言うつもりでいました。

何しろ修さんはこの日のために耐え難きを耐え、忍び難きを忍んできたのです。「どうなっているんだ?」と修さんが妻に尋ねても、妻は「そのうち」「時期を見て」「みんなの都合もあるから」と煮え切らない返事を繰り返していたのですが、修さんは業を煮やして嫁の妹(次女の高島文子)に連絡を取り、直接会いに行ったのです。

「これを見て下さい。これがお父さんの遺志ですよ。何か文句はありますか?」

妹が修さんに突きつけたのは、戸籍謄本のコピーでした。修さんが謄本をよくよく見ると、すでに父親の名前には×がついており、父親の近くに妻(長女)と妻の妹(次女)の名前だけが書かれていたのです。どこをどう見ても、修さんの名前は見当たらなかったのです。左から右へ、上から下へ、修さんは自分の目を何往復させてもダメでした。

「そんなはずはない!」

修さんは、当然のように自分の名前が「養子」として書かれているものだと思い込んでいました。どうやら、父親は婿である修さんと養子縁組をしていなかったのです。

さらに残酷な現実が、修さんに追い討ちをかけてきました。修さんが30年間「生きがい」にしてきた遺産協議はすでに行われており、遺産の名義変更など各種の手続きは完了していたのです。具体的には母が2分の1、妻が4分の1、妻の妹が4分の1という具合で財産を割り振ったそうで、そこに修さんの名前はありませんでした。

「僕だって高島家の人間ですよ。もし僕がお父さんの養子ではないとしても、財産をもらう権利はあるはず！　今まで散々尽くしてきたじゃないですか？　こんな非礼なやり方が通用すると思っているんですか？」

修さんは妹に対して必死に応戦しましたが、残念ながら、修さんは致命的な勘違いをしていました。修さんは「妻の姓を名乗れば、高島家の人間になったも同然。自分が高島家の家系を継ぐのだから、高島家の財産を相続することができて、父親の遺産を引き継ぐことができるのだ」と。しかし「長女の夫」という立場では、法律上、父親の財産を相続する権利（法定相続分）は発生しません。法定相続分を主張するには、「父親と養子縁組」をしなければならなかったのです。

「家内と結婚するとき、お父さんは『高島家の財産はすべて修君に任せる』と約束してくれたんです！　勝手なことをしたら、お父さんを裏切ることになるんじゃないですか？」

修さんは最後の切り札として「父親との約束」を持ち出したのですが、残念ですが、しょせんは「口約束」に過ぎず、父親が亡くなってしまった今となっては、その約束が本当に存在したのかさえ証明することは不可能でした。結婚当時、父親を信用して、あえて書面化しなかったことが仇《あだ》となった形です。結局、修さんは妻の妹に言いくるめられてしまい、父親との約束はまるで「なかったこと」にされてしまったのです。

「文子さんはこんな守銭奴のような人じゃなかったんです。ただ、1年前くらいから人が変わってしまったかのようで……」

修さんは妹との直談判について、何度も首をかしげたそうですが、無理もありません。確かに「金は人を変える」と言いますが、いざ自分が当事者になり、周囲の人間が本当に豹変してしまった場合、冷静沈着に立ち回るのは至難の業で、当の修さんも妹を翻意させることはできなかったのです。

「決して財産目当てで今まで頑張ってきたわけではありません。それにしても酷すぎませんか？僕はこれ以上、『報われない努力』を続けるつもりはサラサラありません。だって、自分の人生は自分のものです。高島家のものじゃないんです‼」

修さんは資産家の妻と結婚し、傲慢な父親に媚を売り、キレやすい母親を宥《なだ》めてきたのは、断じて「金のためではない」と言い切ります。とはいえ、何の見返りも期待できない「無償の愛」を貫くことができるほどお人好しでないのも事実です。とにかく30年間、張り詰めていた緊張の糸がプッツリと切れてしまったようで、修さんは「妻との離婚」を決断したのです。「現金な奴と罵《ののし》られても結構です。とにかく高島家と縁を切りたい。素直にそう思いました」

■家賃の積立て、市の補償金、実家の土地……先んじて遺産の在り処を掴め！

このように、修さんは「妻の実家の遺産相続」をきっかけに妻との離婚を決断したのですが、とはいえ離婚成立には妻の同意が必須で、一筋縄にはいきそうもありませんでした。いかんせん、修さんは婿の立場で財産目録（遺産の内訳や合計などを記した書面）を見せてもらうことは難しいので、高島家にどのくらいの蓄えがあるのか、財産の全貌を把握できずにいたのです。そのため、離婚話を切り出すにしても、お金の面では切り口が非常に限られていたのです。修さんが掴んでいたのは家賃の積立て、市からの補償金、そして実家の土地という3つだけでした。今回は3つの財産に限定して話を進めることにしたのです。

1つ目は家賃の積立てです。前述のとおり、修さんは結婚から30年間を妻の実家で暮らし、父親に対し家賃として毎月6万5000円（360回・計2340万円）を納めてきました。一方で、両親の生活費も負担してきたので、今までの家賃はそっくりそのまま残っている可能性が高いでしょう。昨年、妻の父親が亡くなり、遺産は妻の母親が2分の1、妻と妻の妹が各4分の1という具合に相続したのですが、これまでの家賃が手つかずのまま残っているとしたら、前述の按分割合を当てはめると、妻の相続額は585万円になります。

そもそも家賃の原資は修さんの給与であり、それは夫婦の共有財産であると同時に離婚財産分与の対象です。だから、妻は本来、585万円の2分の1にあたる292万5000円を修さんに渡さなければなりません。同居期間中、家賃も含めすべての生活費を修さんが負担してきたからこそ、妻や子供が経済的に何不自由ない生活を送ることができたのは動かぬ事実です。

「30年間の貢献を認めたて欲しい。お金に換算して欲しいという気持ちもあることはあるのですが、必ずしもお金にこだわっていません。何より一刻も早く、高島家と縁を切りたいんです！」

このような修さんの気持ちを踏まえて、妻に対して「すぐに離婚に応じれば財産分与の請求権を放棄してもいい」と提案したのです。

2つ目は市からの補償金です。今から6年前、市の道路建設に伴い実家の土地と建物の一部を手放し、その代償として補償金を得たことを修さんは知っていました。物件移転等補償費提示調書や土地価格提示調書（市道路局建設部建設課が作成）によると、高島家が得た補償金は約1億円です（引越等の補償金は割愛）。

そして、その補償金で別の土地を購入し、そこに建物を建てました。土地の路線価（当時）は1平方メートルあたり13万円なので、土地の地積が165・55平方メートルの場合、評価額は

２１５２万１５００円となります。また、建物の再調達価格（当時）は1平方メートルあたり14万円で、1階と2階の床面積の合計が１１４・27平方メートルなので、建物の評価額は１５９９万７８００円と計算することができました。前述のとおり、市からの補償金は約1億円、購入した土地は約２１００万円、建物は１６００万円なので、まだ６３００万円の現金が残っているはずです。妻の法定相続分は全体の4分の1なので、補償金が手つかずに残っていれば、妻は１５７５万円の現金を相続しただろうと推測できます。

また買上げの対象になったのは全敷地ではなく、その一部は買上げを逃れたそうです。だから、まだ手放していない土地があり、路線価は1平方メートルあたり15万円で地積は１２４平方メートルなので、評価額は約１８００万円です。相続の結果、妻は4分の1の所有権を持つことになったので、この土地を売却すれば妻は４５０万円を得ることができるのです。

■早く縁を切りたいし財産も欲しい……二兎を追わず一兎に絞る賢明な選択

ところで、離婚に伴う財産分与の根拠は内助の功ですが、これは妻が夫を支える行為だけでなく、当然、夫が妻を支える行為も含まれます。今回のケースでは、修さんのおかげで妻は実家の土地・建物を維持することができ、また財産を毀損《きそん》せずに済んだことに相違ないでしょう。仮に妻が修さんと結婚せず未婚のままだとしたら、妻は今まで社会人として働いた経験がなく自活能力が欠落しているので、日々の生活のために実家の財産を食い潰すでしょうから、手元の財産はもっと少なくなっていたはずです。

しかし、実際には修さんと結婚し、結婚期間中は修さんが家賃も含めすべての生活費を負担してきたので、妻は経済的に何ら何不自由ない生活を送り、財産を減らすこともなく、母親の世話や面倒や看病に集中することができたのです。さらに妻の父親は生前、将来的に高島家の財産を修さんに譲渡することを約束していたのだから、本来ならば前述の補償金を得る権利が修さんにも発生していたにも関わらず、修さんは約束を反故《ほご》にされ、財産を全くといっていいほど得られなかったので、

「裏切られたという気持ちが強く、約束を守って欲しいのはやまやまです。しかし、高島家の人間とこれ以上、関わりたくはないんです！」

このような修さんの切望を反映させて、妻に対して「今すぐ離婚に応じれば、補償金の請求権を放棄してもいい」と伝えたのです。そもそも妻は修さんと離婚したところで、お金の面で日々の生活に支障が出るのでしょうか？　妻の手元にある財産は、どんなに少なく見積もっても計2610万円（補償金1575万円・家賃の積立て585万円・実家の土地の余り450万円）あ

るのは確実でしょう。実際のところ、父親は不動産以外にも生命保険等の財産を残したでしょうから、妻の懐にはそれ以上の財産が存在するはずです。

それだけではありません。現在、妻の母親は施設に入居中で、しかも77歳とかなりの高齢です。だから、妻よりも妻の母の方が先に亡くなる可能性が高く、再び遺産相続が発生します。妻の父親が亡くなったときと同じように法定相続割合に則って相続するのなら、妻も妻の妹も2分の1の遺産を得ることとなるのです。

万が一、修さんと離婚することで妻が生活に困窮するようなら、離婚自体が倫理的にどうなのか問題ですし、妻もそう簡単に首を縦に振らないでしょう。しかし、妻は今後も実家に住み続けて、家賃はかからないのだから、手元にある父親の遺産とこれから入ってくるであろう母親の遺産があれば、人並みの生活を送ることは十分に可能でしょう。

そして、最終的には妻も離婚に応じ、晴れて修さんは高島家から出て行くことができたのです。確かに、ようやく離婚できたのは収穫といえば収穫ですが、離婚の代償として修さんはあらゆる権利を放棄しており、失うものも多かったと言わざるを得ません。前述のとおり、修さんにはほとんど蓄えがなく、まるで無一文で高島家の門から外へ追い出されたも同然です。しかし、本当にそうなのでしょうか？　そんなことはありません。

■老後の蓄え……退職金や年金を一切、渡さずに離婚する方法

繰り返しになりますが、婚姻期間中に増加した財産は法律上、夫婦の共有であり、離婚時に夫の財産と妻の財産を合計し、その合計額を夫と妻で折半するのが原則です。「散々、夫のお金を吸い取っておいて」と思われるかもしれませんが、一応、妻には修さんの退職金や厚生年金を「よこせ！」という権利があるのです。順番に見ていきましょう。

まず退職金ですが、修さんは自動車メーカーに勤めており、55歳で同じグループ会社へ転籍したそうです。

「妻は『同じグループだから、退職金は転籍前と転籍後の分を合わせて、60歳のときに出るんでしょ』と勘違いしていたようで助かりました」

修さんは離婚協議中、「退職金を請求されたらどうしよう……」と内心、ドキドキしていたようです。それもそのはず。なぜなら、正しくは「転籍前の退職金は転籍時（55歳）に支給されていた」からです。しかも1800万円という大金です。結局のところ妻は、修さんが60歳をむかえる4年後に再度、話し合うことを望まなかったので、修さんは退職金を妻へ渡さずに済んだのです。参考までに、転籍後の退職金はまだ見込み段階ですが450万円だそうです。

次に年金ですが、婚姻期間中、夫が納めた厚生年金の最大2分の1を妻に付け替える制度のこと

を離婚年金分割と呼びます。この制度が始まった平成19年当時は、かなり大きな話題になりました。もし、妻が外で働いていたり、友達が多かったり、講演会へ行ったりして、この手の情報に触れる機会があれば別ですが、実際のところ、妻は結婚から現在まで外で働いたことがないため、友達も少なく、遊びに出かけることも限られていたので、この制度を全く知らなかったようです。そのため、修さんがわざわざ妻へ知恵を授ける義理はないので、年金の件は離婚協議中に出てくることはないまま終結したそうです。

このように、修さんは新しくお金を手に入れたわけではありませんが、「本来なら減らされるであろうお金を減らさずに済んだ」という意味では、お金の面でも最低限の収穫を得ることはできたのです。

父との永遠の別れ――。それは、誰しも遅かれ早かれ経験せざるを得ない瞬間ですが、だからこそ修さんの話は決して他人事ではないでしょう。なぜなら、遺産の大小や嫁入り婿入りの違い、そして親戚付き合いの濃淡に個人差こそあれ、修さんのように「遺産相続」のせいで夫婦の関係がこじれ、信頼を損ね、亀裂が入る可能性は、どんな夫婦にもあり得るのだから。

2.【老後の海外移住】妻に捨てられ夢の海外移住が暗転！ 異国で孤独な老後を過ごす不安
弱男（78歳）VS「表裏使い分け」強女（68歳）

〈登場人物〉

夫：丸山功（78歳・年金生活）
日本の預貯金：300万円／インドネシアの預貯金：900万円→510万円
コテージ（夫名義）の評価額：2200万円→1300万円／コテージへの出資金：2000万円
貸コテージの家賃：年260万円→130万円／厚生年金：年300万円

妻：丸山信子（72歳・年金生活）
日本の預金：なし
コテージへの出資金：200万円
インドネシアの預金：300万円→180万円／厚生年金：年120万円

■夢の海外移住から10年…… 妻からの「熟年」離婚宣告!?

青い空と海、そして白い砂浜、綺麗な空気……。

「残りの余生は自然に囲まれて暮らしたいなぁ〜」

定年まではとりあえず「コンクリートジャングルの社畜」で我慢をするけれど、それ以降は上から目線の上司、わがまま放題の取引先、そしてサービス残業オーライの会社…… すべてから解放され、悠々自適な老後生活を満喫したい。それなら国内の田舎暮らしもいいけれど、やっぱり海外でしょ。気候は温暖で過ごしやすいし、たっぷりの自然に囲まれて癒されるし、何より物価が安いのは助かるからね。だって、年金はこれから減らされる一方なのだから——。

誰しもこんな「海外移住」を夢見るのですが、今回紹介する丸山功さん（78歳）もその1人。功さんは本当に海外移住（インドネシア）を実現したのですが、それだけではありません。68歳にして妻と結婚（再婚）し、2人で海外へ移り住んで、今年で10年目。傍から見れば、2人はまるで理想的な夫婦のように映りますが、本当にそうなのでしょうか？

「もう、こっちの生活に飽きたわ。そろそろ日本に帰りたいの。あなたには感謝しているわ」

ある日、突然、妻がこのように言い出したのですが、一体、何があったのでしょうか？

功さんと妻はどちらも再婚同士。功さんは42歳のとき、妻は48歳のときに離婚を経験しており、功さんは前妻との間に2人の娘が、妻は前夫との間に1人の息子がおり、どちらも日本で暮らしているそうです。

「今は今のことだけ考えよう。とにかく海外生活をエンジョイしよう！」

当時、独身だった功さんは妻と知り合って、そんな感じで意気投合。勢いのまま結婚し、海外移住を決断。もし大病を患って身体が不自由になったら帰国するかもしれないけれど、とりあえずは残された人生を一緒に楽しもう、後のことはそれから考えても遅くはないだろう、という発想だったようです。功さんは退職金を元手にインドネシアにコテージを購入し、2人で住み始めたのですが、趣味のゴルフを好きなだけ楽しめるのが何より幸せだったそうです。そしてあっという間に10年が過ぎようとしていたのですが、妻の離婚宣告はそんな矢先のことだったのです。

■なぜ老い先短いのに「熟年離婚」に無駄な時間を費やすのか

きっかけは日本への一時帰国でした。

昨年末、妻は日本にいる家族に会うため、息子や孫が住む岡山へ戻ったのですが、これが諸悪の原因でした。なぜなら、帰国の前と後では、妻が別人にように変わってしまったようなのです。

「私はお金より愛の方が大事だと思っているわ」

結婚当初、妻はそんな風に言っていたそうですが、一体、何があったのでしょうか？　あくまで功さんの推測の域を出ませんが、どうやら息子が妻に対して余計なことを吹き込んだのではないかと。「あんな男のことは見限って戻ってきなよ」などと……。

もちろん、妻は功さんに対して何の不満もなかったわけではなく、細かいことを挙げればキリがありません。しかし、功さん夫婦はすでに齢70を超えています。しかも海外で暮らしており、互いの資産を現地で投資しているのに、わざわざ離婚するなんて狂気の沙汰。残りの人生を考えたら、籍を抜いて、財産を分け、離れ離れになるための「離婚手続き」に多大な時間を費やすなんてバカバカしいと言われても仕方がないでしょう。実際のところ、離婚の具体的な話が出てから半年間も妻は功さんのコテージに居座っていたので、「同じ空気を吸うのもイヤ」なほどではなさそう。少し我慢すれば一緒に住むことができる程度の夫婦関係だったようです。それなら妻は、多少の不満は飲み込んで、そのまま天寿をまっとうするという選択肢もありそうですが、なぜ「離婚」を選んだのでしょうか？

■離婚するなら悠々自適の年金生活が「老老介護」に変わる前!?

「今年に入ってから急に健康に自信が持てなくなってきて……」

功さんはそう嘆きますが、それもそのはず。功さんはすでに78歳。今までに大病をしたことはないにせよ、日々の生活で「衰え」を隠すことはできません。少し歩いただけで胸が苦しくなったり、手足に痛みを覚えたり。また食も細り、何を食べても美味しく感じなくなり、体重は1年間で6キログラムも減ってしまったそうです。少しずつですが、確実に弱っていく夫を一番近くで目の当たりにして妻は、どのように感じたのでしょうか？

ところで、2人が再婚したのは60代後半。人生をどのように終わらせるのか、「老い支度」に取り掛かってもいいくらいの年です。当然のことながら、「介護」のことも視野に入れなければなりません。暗黙の了解ですが、片方の身体が不自由になったら片方が身の回りの世話をするのは、納得済みで一緒になったはずです。もちろん、漠然とした将来不安は常に頭のなかにあったはず。

とはいえ、今現在はインドネシアで悠々自適の生活を満喫しており、妻は近い将来に起こり得る「介護」という現実から目を背けていた方が気は楽でしょう。「今が楽しければそれでいい」と、結婚から10年間、都合の悪いことから逃げ続け、いざ間近に迫ってきた介護という現実に腰が引けてしまったのではないでしょうか？　今となっては、妻が最初から「夫の介護」をする覚悟があったかどうかも定かではありません。

「だからこそ生活費は全部、渡してきたのですが……」

将来の介護を見込んで、功さんは日々の生活費をすべて自分の年金から出しており、妻の年金には一切、手をつけなかったそう。そんため妻は自分の年金を全く減らすことはなく、何に使おうが完全に自由という非常に恵まれた年金生活を送ることができたのです。しかし、功さんが甘やかしすぎたせいでしょうか、妻はそれに飽き足らずに、今度は夫婦の口座から無断でお金を引き出したそうで、そのことが早速、功さんの耳に入ったのです。功さん夫婦はこれから財産が増えることはなくむしろ減る一方なので、手持ちの財産は極めて大事なはずです。だから、この時に妻のおかしな言動を一喝すべきだったのでしょう。

しかし、功さんはあえて妻を咎めることはせず、今回は見て見ぬふりをすることにしたそうです。なぜでしょうか？　「将来のことを見据えて、そのくらいのわがままには目を瞑《つぶ》ろう」とその時は思ったそうです。それなのに、妻の方から離婚を切り出してきたのだから、功さんの怒りが収まらないのも無理はありません。

「妻にも生活費を出させるべきだったし、勝手に解約した定期預金も元に戻させた方が良かった」

そんな風にタラレバを語っても後の祭りです。功さんは完全に妻のことを信じきっており、まさか妻が今までの厚遇を蔑《ないがし》ろにし、功さんを裏切るような真似をするなんて全くの想定外。三行半を突きつけてくるという予感は微塵《みじん》もなかったのです。

「アンタの運転が下手っぴなせいで腰痛になったのよ。この前は階段から突き落とされたじゃないの！　このままじゃ殺されるのも時間の問題だわ!!」

妻は、あることないことを言い出すほど精神状態が悪化していったようですが、実際のところ、妻の言い分は正しいのでしょうか？　功さんいわく、運転の上手下手はともかく、妻を階段から突き落とした覚えはないそうで、完全な作り話だそうです。とはいえ、功さんが少しでも言い返そうとすると、妻は「何よ！　男のくせに」と逆上する始末で、まともな会話が成り立たないほど関係は悪化していました。さすがにDVをでっち上げるような妻を引き止める気にはならず、功さんはここに至ってようやく離婚を決断したのです。

■不安を煽る海外財産の目減り……現地通貨、コテージ、そして年金

「せっかく手に入れたコテージなのに、たったの3年で半値になってしまい、頭が痛いですよ！」

功さんは10年前、インドネシアに移住すると同時に購入したコテージが複数あるそう。1つは功さん夫婦が生活するための居住用、それ以外は賃料を得るための投資用でした。最初のうちは安定した賃料を得ることができたので、10年間でコテージに投資した資金は回収できるだろうという功さんの目論見通りでした。しかし、今はどうでしょうか？

ここ3年の間で状況は一変。インドネシア国内の景気はみるみるうちに落ち込んでいき、景気悪化の影響は不動産市況にも飛び火していったのです。まずコテージの価格ですが、功さんは当初2200万円で購入したのですが、今では1300万円の価値しかなく、10年間で約4割も下がってしまったのです。それだけではありません。当初は年260万円を見込んでいた家賃収入も、今では130万円と半減しており、功さんにとっては完全に誤算でした（175頁参照）。

見込み違いは不動産投資だけではありませんでした。

「ルピア（インドネシアの通貨）がどんどん下がってしまって……」

功さんは、日本の預貯金のうち900万円をインドネシアの銀行へ移し変えていたそうです。最初のうちは為替相場も安定しており、新興国の通貨だからといって特に不安を感じることはなく、万が一のときは日本へ戻すことも可能でした。今はどうでしょうか?

やはり国内景気と為替相場は連動しており、景気悪化に伴って為替相場も悪化の一途を辿っていきました。3年前は1ルピアに対して0・014円でしたが、今では0・008円まで落ち込んでおり、わずか3年間で4割近くも暴落した計算です。それによって、功さんの預貯金も900万円（日本円）から413万円へと大幅に目減りしてしまったのです。とはいえ、今さらルピアから円に切り替えることも難しく、手を打ちたくても打てない八方塞がりの状態に陥っていたのです。

「こんなはずじゃ！　この先どうなってしまうの？　このままじゃ……」

手持ちのお金は日に日に少なくなっていくけれど、わずかな厚生年金が増える見込みはなく、ただただ不安が募っていく日々……。今までは楽しい、嬉しい、明るい海外生活を満喫していたのに、今では寂しく、虚しく、暗い老後生活に一変したのです。妻が先行きを悲観するのも無理はないでしょう。ここらへんで「損切り」の覚悟を決め、コテージは売却し、インドネシアの預金は解約し、日本に戻ろうと決断したようですが、どうやら「損切り」の怒りの矛先は功さんに向かったようです。

「アンタのせいで値下がりしたんだから、ちゃんと補填しなさいよ！」

功さんによると、妻はコテージを購入する際に自己資金として300万円を拠出しており、また日本にあった預貯金のうち200万円をインドネシアの銀行へ預け替えていたそう。そして10年前と今と比べると、前者は300万円から180万円（120万円減）、後者は200万円から120万円（80万円減）に下がっているのですが、値下がり分の合計200万円を功さんに穴埋めして欲しいと言い出したのです。確かに功さんが200万円を渡せば、妻としては結婚前の生活（住まいも財産も）に戻ることができるのですが、そうは問屋が卸すでしょうか？

■妻に逃げられ、海外に1人取り残される78歳男の悲劇

もしも功さんが妻の財産を勝手に引き出して、コテージの購入費用に充てたり現地の銀行に移したりしたのなら、妻の言い分もわからないではありません。確かに、「一緒に暮らそう」と誘ったのも、「海外に移ろう」と提案したのも、「現地の銀行に預けておいた方が便利」と勧めたのも功さんです。しかし、何にいくら投資するのかは個人の判断であり、結果についても個人の責任です。それが、たとえ誰かに促されたにしてもです。

離婚に伴って夫婦が婚姻期間中に増加した財産を分け合うことを「財産分与」といいますが、功さんの場合、婚姻期間中に手持ちの財産は増えているのでしょうか？　前述のコテージと預金はさて置き、毎月の年金や家賃はすべて使い果たしているわけではなく、少しは残っているでしょう。一方で、財産分与の根拠は「内助の功」です。功さんが現妻と結婚したのは定年退職した後ですが、現在受け取っている年金や家賃の原資は現役時代に受け取った給与や、給与を元に貯めてきた財産です。こう考えると、年金や家賃に対して妻が「財産分与」を求めるのは筋違いでしょう。

そもそも、財産分与の対象になるのは夫だけでなく妻の財産もそうです。功さん夫婦の場合、日々の生活費はすべて功さんが負担しており、妻の年金は手つかずです。妻が年金を貯めていたのか、それとも使っていたのか知る由もありませんが、もし夫の財産＋妻の財産（ただし結婚以降に増え

た部分に限る）を夫5割、妻5割という割合で按分した場合、妻の財産が夫へ渡ることになりかねません。つまり、妻は資産の目減り分を取り戻そうとすると思わぬしっぺ返しを食らうことになります。そのことを伝えた上で、「財産を分与しない」という結論に持って言ってはどうかと功さんにアドバイスをしました。しかし、功さんの思惑は違っており、あろうことか妻の要望を言い値のまま受け入れることにしたのです。

「僕の責任だから……」

熟年再婚を誘ったのも自分、海外移住を誘ったのも自分、そして資産移動を誘ったのも自分。功さんが最初から何も誘わなければ、妻は時間や体力、そして財産を無駄に費やすことはなかっただろうと自責の念にかられたそうです。

結局、功さんはコテージを売却せず、現地銀行の預金も解約せず、日本に残した財産のうち200万円を取り崩し、妻へ渡した上で離婚することを選んだのです。こうして功さんは齢78にしてもう1度、人生プランを再設計せざるを得なくなったのです。インドネシアにコテージや預金、そして生活拠点があり、そもそも日本国内に自分を受け入れてくれる先は老人ホームくらいしかない。このままインドネシアに残るより他ないのですが、まさか異国の地で1人暮らしを強いられるとは思ってもいなかったでしょう。

万が一、体調を崩したとしても看病してくれる人はいません。自宅内ならまだしも、もし外出先で倒れたりしたら大変なことになります。そのため功さんは離婚後、外出する機会がめっきり減ってしまったそうです。掃除、洗濯、料理も1人でこなさなければならず、体力的には厳しいようです。何よりこの年で妻に逃げられ、1人取り残されたという気持ちの部分の方が大きいようで、「これじゃあ、寿命も縮まりますよ……」

そう功さんは冗談まじりに言いますが、私には冗談に聞こえませんでした。特に男性は年を重ねれば重ねるほど「やり直しがきかない」のですが、年をとればとるほど離婚のダメージは大きいのだと功さんは身をもって示してくれたような気がします。

■妻はなぜ豹変したか　～熟年夫婦が抱える家族と終活、そして相続という他力問題～

よくよく考えれば、いい年をした息子（43歳）が年老いた母（68歳）の背中を押そうとしても不思議ではありません。なぜなら、母は遠くない将来に亡くなるでしょうが、1人息子は母の遺産を原則、総どりすることができます。

「母が健在のうちはなるべく財産を減らさないで欲しいし、あわよくば増やして欲しい……」そんな風に息子が金に執着してもおかしくはないのです。「再婚相手の男（功さん）から取れるものは取って欲しい」と。

もちろん、功さんが初婚なら、むしろ離婚しない方が良いでしょう。なぜなら黙っていても夫、妻の順で亡くなれば、原則、妻は夫の財産を総どりすることができるのだから。しかし、実際には功さんにも前妻と2人の娘がいるのです。そして、功さんは遺産の4分の3を娘さんに相続させるという遺言を妻と再婚するタイミングで書いており、遺言の存在は妻も知っていました。だから、息子さんが裏で入れ知恵をした可能性は十分にあるでしょう。

功さんはすでに80歳を目前にして妻から三行半を突きつけられ、ただでさえ落ち込んでいるのに、さらに妻が目の色を変えて「金、金……」と言い出したので、二重の意味でショックを受けたそうです。何より残念だったのは、妻にとって心の拠り所は夫（功さん）ではなく息子だったことです。

「考え直して欲しい」

功さんは何度も妻に懇願したのですが、妻は聞く耳を持たなかったそうです。やはり血の繋がらない再婚相手より、血の繋がった息子の言葉の方が重いのでしょうか。結局のところ、2人はその日その日を楽しむだけの関係で、夫婦というより「遊び仲間」に近かったのではないでしょうか？

もし2人の間に子供がいれば「子育て」、夫が現役で働いていれば「貯蓄」、住宅ローンを返済していれば「一国一城の主」という共通の目標があるので、心を1つにして頑張ることができるでしょう。しかし、功さん夫婦はどうでしょうか？　夫婦の間に子供は存在せず、夫はすでに引退して働いておらず、財産を食いつぶすだけ。共通の目標といえば、せいぜい「老後生活をどのようにエンジョイするか」でしょうか。熟年再婚という急ごしらえの関係のなかに、確たる信頼関係があったのかどうかは甚だ疑問です。いとも簡単に息子にそそのかされてしまうようでは……。

功さんいわく、夜の生活は数えるほどしかなかったようです。なぜなら、結婚から3年も経たないうちに、妻は就寝時間になると自分の部屋にこもって鍵をかけてしまったからです。離婚が成立した今、功さんは「息子が裏で手を引いていたのでは」と疑い始めたようですが、DVのでっち上げや介護の拒否、生活費ゼロ、そして将来への経済的な不安……これらは妻が離婚したい本当の理由だったのか、それとも「離婚ありき」の後づけだったのかは、今となっては確かめる術もありません。

離婚届

おわりに

「離婚」の二文字が頭をよぎるような絶体絶命の危機を目の前にすれば、精神的に追い詰められているはず。何がなんだか分からずパニック状態に陥り、すでに思考停止の一歩手前でしょう。これでは今現在、自分がどのような状況に置かれているのか、俯瞰《ふかん》するのは不可能でしょうし、目の前で何が起こっているのかを把握しないことには対策を立てようがありません。「物は試し」という感じで本書をお読みいただき、「現状把握」することができれば何よりです。

ところで妻がＤＶをでっち上げた上で子供を人質に別れを切り出せば、不倫男の存在を隠したまま離婚できる……というような妻の策略は、まさに離婚「冤罪」と言っても過言ではありません。しかし、このような悲劇が起こるのは「女は正直者、男は嘘つき」「女は献身的、男は身勝手」「女は弱く、男は強いから、男は厳しく罰するべき」という前提で世の中の仕組みが作られているからです。しかし、あきらめないでください。

そもそも妻の言い値が本当に正しいのでしょうか？　夫も前もって理論武装することが大事です。別居中の生活費には相場があるので妻の言い値ではありませんし、子供との面会を理由なく拒否された場合は裁判所から罰金を科してもらう方法があり（間接強制）、そして離婚が避けられないとしても子供の養育費は年収の6割ではなく3割程度が妥当な金額ですし（家庭裁判所が公表している養育費算定表）、夫婦の財産は妻10割ではなく、法律上は夫5割、妻5割が正しいのです。さらに妻の離婚したい理由が曖昧なら当然、不倫を疑うべきで、離婚する前に確たる証拠を手に入れれば、妻だけでなく間男にも慰謝料を請求することが可能です。

私は11年間で1万人超の弱男の相談を解決してきましたが、「女だから」という理由で放置されてきた男女トラブルの解決策を本書で確立しました。「弱男vs強女」の構図で不可能を可能にした実例ばかりです。とはいえ、最初から100発100中だったわけではありません。残念ながら、悪妻と離婚するのに年収600万円のサラリーマンが7000万円の負債を背負わされたり、妻の子連れ家出を防げず息子と一生会えなくなったり、上司に嫁を寝取られたのに別れてくれず慰謝料を踏み倒されたり、自ら命を絶ってしまった相談者もいました（後日、父親からの報告で判明）。私は人生を棒に振ってしまった男性の涙を目に焼き付けてきましたが、二度と同じ思いをしたくない……それが本書を執筆した私の願いです。

露木 幸彦

露木 幸彦（つゆき ゆきひこ）
露木行政書士事務所代表（行政書士・ファイナンシャルプランナー）。1980年12月24日生。国学院大学法学部卒。金融機関融資担当時代は住宅ローントップセールスを記録。2005年男の離婚に特化した行政書士事務所を開業。以来、延べ有料相談件数7000件、公式サイト「離婚サポートnet」の会員数は9900人を突破し、業界で最大規模に成長させる。著書に『イマドキの不倫事情と離婚』祥伝社黄金文庫（2014.7）、『人生がガラリと好転する男の離婚術』メタモル出版（2013.7）、『みんなの不倫』宝島SUGOI文庫（2012.5）などがある。

男のけじめ
実例で知る賢い離婚術

2017年10月18日 第1刷発行

著　者｜露木 幸彦
発行者｜千葉 弘志
発行所｜株式会社ベストブック
〒106-0041 東京都港区麻布台3-4-11
麻布エスビル3階
03（3583）9762（代表）
〒106-0041 東京都港区麻布台3-1-5
日ノ樹ビル5階
03（3585）4459（販売部）
http://www.bestbookweb.com
印刷・製本｜中央精版印刷株式会社
装　丁｜クリエイティブ・コンセプト

ISBN978-4-8314-0219-6 C0036

定価はカバーに表示してあります。
落丁・乱丁はお取り替えいたします。